Théâtre à lire, théâtre à jouer

Georges Courteline, de son vrai nom Georges Moinaux, est né à Tours en 1861 et mort à Paris en 1929.

Tel père, tel fils, pourrait-on dire de lui... car son père, Jules Moinaux, s'était déjà fait une réputation d'humoriste dans ses «Tribunaux Comiques», chroniques humoristiques de la «Gazette des Tribunaux» où il faisait ressortir les ridicules de la justice.

Georges reprendra ce thème dans son œuvre, mais il élargira son champ d'action: et ce sont les bureaucrates, les artistes, l'armée, les femmes et les hommes avec leurs travers et leurs mesquineries que l'auteur épingle avec malice. Il les a fréquentés et a pu les observer: quand il fait son service militaire au 13e Chasseurs de Bar-le-Duc, puis lorsqu'il entre comme employé au ministère des Cultes... Ce fut pour lui une grande source d'inspiration, si bien qu'après quatorze années au ministère, il peut se retirer et vivre de sa plume en continuant à observer ses contemporains.

Ses œuvres les plus célèbres: *Les Gaietés de l'Escadron; Messieurs les Ronds-de-Cuir.* Il a beaucoup écrit pour le théâtre sous l'impulsion d'Antoine, le fondateur du Théâtre-Libre: des pièces d'une relative ampleur comme *Un Client Sérieux* ou *Boubouroche,* mais aussi environ cent piécettes car, disait-il: «Un acte, un seul acte, voilà ma mesure au théâtre...»

Tant mieux pour le *lecteur* qui, après avoir ri des situations cocasses et des caricatures mises en scène par Courteline, peut, sans trop de difficulté, en devenir *l'acteur.*

Loi n° 49.956 du 16 juillet 1949 sur les publications
destinées à la jeunesse : septembre 1983
Dépôt légal : mars 2011
Imprimé en France par l'imprimerie Hérissey à Evreux (Eure) - N° 116150
ISBN 978-2-211-09563-1

Georges Courteline

Théâtre à lire, théâtre à jouer

Choix, présentation et commentaires
de Dominique Guerrini

Illustrations d'Irène Blanc

Classiques
l'école des loisirs
11, rue de Sèvres, Paris 6e

L'ours

Scène première
Les coulisses du petit théâtre de l'Ambigu-Dramatique[1]

PIÉGELÉ, *costumé en Brésilien farouche:* Écoute-moi bien, Lapotasse.

LAPOTASSE, *costumé en ours et tenant sa tête sous son bras:* Je suis tatoué. *(Se reprenant)* Heu!... je suis tout ouïe, c'est-à-dire...

PIÉGELÉ, *solennel:* Grâce à mon intervention, te voici enfin parvenu à la réalisation de tes vœux les plus chers: tu es artiste! Dans un instant, tu auras paru devant ton souverain juge, le grand public parisien! Tu y auras paru, il est vrai, sous les traits modestes d'un ours, mais... Lapotasse, tu me portes sur les nerfs, à regarder ta tête au lieu de m'écouter.

LAPOTASSE: Je t'écoute, Piégelé, je t'écoute.

PIÉGELÉ: Je t'en suis obligé... Mais, dis-je, il n'y a pas de petits emplois, il n'y a que de mauvais acteurs. Médite cette vérité et prête une attentive oreille aux instructions que tu vas recevoir de ton aîné, maître, et ami. De tes débuts, une carrière tout entière dépend!... Mon Dieu que tu es agaçant, de laisser tomber ta tête à chaque minute!

1 Théâtre parisien qui faisait le pendant de l'Ambigu-Comique disparu en 1965.

LAPOTASSE: Ne te fâche pas, Piégelé.

PIÉGELÉ: De tes débuts, j'insiste sur ce point essentiel, dépend une carrière tout entière. Donc... Quand tu auras fini de débarbouiller ta tête avec le fond de ta culotte, tu me feras un sensible plaisir. ...Voici la situation; tâche voir à ne pas te tromper. Je fais le Brésilien Hernandez; toi tu fais l'ours que je dois tuer d'un coup de rifle[1]. Très bien; je suis en scène et je dis: «Caramba!»

LAPOTASSE: Caramba!... C'est de l'espagnol?

PIÉGELÉ: Ne t'inquiète pas de ça, ce n'est pas ton affaire. Est-ce que tu es compétent pour savoir si c'est de l'espagnol? Non. Alors de quoi te mêles-tu? *(Haussement d'épaules.)* Pour qui est-ce que tu comptes? C'est curieux, ce besoin de compéter sans savoir! D'abord, les Brésiliens sont des espèces d'Espagnols.

LAPOTASSE: C'est juste. Continue.

PIÉGELÉ: Bon! Au même moment où je dis: «Caramba!» toi tu entres et tu imites l'ours. Sais-tu imiter l'ours?

LAPOTASSE: Oh! très bien.

PIÉGELÉ: Imite voir.

LAPOTASSE, *imitant l'ours:* «Paye tes dettes! Paye tes dettes!» Ah non! je confondais avec la caille. L'ours c'est comme ça: *(Imitant.)* «Couic! couic! couic!»

PIÉGELÉ: Eh non! ce n'est pas comme ça! Tu fais le cochon d'Inde en ce moment. L'ours, voilà comment c'est. *(Imitant.)* «Hoû! Hoû! Hoû!»

LAPOTASSE, *répétant:* «Hoû! Hoû! Hoû!»

PIÉGELÉ: Tu y es. Moi, là-dessus, qu'est-ce que je fais? Je te fous un coup de fusil.

LAPOTASSE, *inquiet:*... Pour de rire?

1 *Rifle:* carabine à long canon.

PIÉGELÉ: Naturellement, pour de rire. Alors tu tombes mort, et c'est tout. Tu as bien compris?

LAPOTASSE: Parbleu! Me prends-tu pour un idiot? Ah! dis donc, et si le fusil rate?

PIÉGELÉ: Le cas est prévu: j'ai une arme à deux coups. Tu attendrais.

LAPOTASSE: Entendu.

PIÉGELÉ: Eh bien! attention, tiens-toi prêt! Voici le moment de mon entrée.

LAPOTASSE: Sois tranquille. *(A part.)* Je crois que je ne serai pas mal, dans l'ours. Je le sens, ce rôle, je le sens!

Scène II

La scène. Le décor représente une forêt vierge.

PIÉGELÉ, *achevant son monologue:* «Caramba!»

Entrée de l'ours. Mouvement dans la salle.

L'OURS: «Hoû! Hoû! Hoû!»

PIÉGELÉ, *jouant:* «Que vois-je, un ours! A moi, mon bon rifle de Tolède[1]!»

Il ajuste l'ours et presse du doigt la gâchette. Le fusil rate. Rires dans la salle.

L'OURS: «Hoû! Hoû!»

PIÉGELÉ, *improvisant:* «Attends, lâche animal! Ah! tu crois me faire peur! Peur à moi!... l'intrépide Hernandez!» *(Il ajuste l'ours de nouveau.)* «Meurs donc!»

Il presse la gâchette. Le fusil rate une seconde fois. Rires énormes dans le public.

L'OURS, *à part:* Ah diable! Je ne sais plus quoi faire, moi.

1 *Tolède:* ville d'Espagne réputée pour ses aciers.

PIÉGELÉ, *exaspéré et ne voulant pas manquer son effet:* «Ah! C'est ainsi! et mon arme fidèle me trahit à l'heure du danger!...» *(Il empoigne l'arme par le canon et assène sur la tête de l'ours un formidable coup de crosse.)* «Meurs!»

L'OURS: Cré nom de Dieu! Qu'est-ce que je prends! Salaud qui m'a mis un coup de crosse! J'en ai la mâchoire détraquée et la gueule comme une tomate.

Roland

Scène première

PIÉGELÉ, *dans la coulisse, attendant le moment de son entrée:* Plus que cinq minutes et ce sera z'à mon tour, comme on dit dans la vieille chanson du soldat qui avait tué son capitaine. Profitons de ces quelques instants pour bien rassembler mes souvenirs. Voyons, j'entre en scène par la cour, la main sur le pommeau de l'épée; je m'avance jusqu'au trou du souffleur, et je dis... je dis... Qu'est-ce que je dis? Ah oui! je dis...

Applaudissements lointains.

Hein? Entendez-vous? C'est Sarah!... Je dis... Elle joue *le fils de Ganelon,* et avec un succès!... Je dis: «Ah! Ah! Voici ma fidèle armée!...» «... ma fidèle armée...» euh, euh, euh... Moi, j'avais rempli jusqu'ici le rôle d'un messager Sarrazin. Ça consistait à saluer Charlemagne et à lui remettre un petit mot avec les marques de la considération la plus distinguée. Je m'en tirais assez gentiment, mais enfin, comme effet produit, c'était plutôt limité. Or, Ledaim, qui faisait Roland, s'étant trouvé indisposé, j'ai profité de l'occasion pour faire un petit peu de pétard: j'ai été trouver Cacahouette, impresario de la tournée, je lui ai présenté qu'il était déplorable de laisser le talent dans l'ombre en lui refusant les moyens de se produire au grand jour, et j'ai conclu en de mandant de remplacer Ledaim au pied levé. Cacahouette, qui est bon garçon, a accepté de me mettre à l'épreuve, en sorte que je vais m'essayer dans Roland, vingt lignes... sur le compte desquelles je ne suis pas sans inquiétudes, l'émotion inséparable d'un premier début venant se greffer fâcheusement sur le manque de mémoire le plus extraordinaire qui ait jamais affligé une personne de ma profession. Ainsi, sorti de: «Ah! Ah! Voici ma fidèle armée!» impossible de me rappeler un mot!

Philosophe:

Bah! à défaut de mémoire, j'ai vingt ans de métier et j'ose me dire sans rival dans l'art de prendre au souffleur!... Cela n'a l'air de rien? Tout est là. Une fois, à Brive, dans la même soirée (on avait levé à 5 heures, on a fini à 3 heures du matin), j'ai joué d'une seule traite *les Surprises du divorce, Ruy Blas, les Deux Orphelines, l'Ami Fritz, la Joie fait peur* et *un Mari dans du coton*[1] sans en savoir seulement une broque[2]! Ce coup-là, j'ai pris quatre mille cinq cents lignes au trou!... Ça c'est du théâtre.

Nouveaux applaudissements au loin.

Sacrée Sarah!... Elle en fait, de l'effet!... Donc, je dis: «Ah! Ah! Voici ma fidèle armée... ... ma fidèle armée». Parfaitement; pas moyen de me rappeler un mot!

LE RÉGISSEUR, *accourant:* A vous! A vous!

PIÉGELÉ: Voilà! *(A part.)* Bah! je prendrai au souffleur!

1 Titres de pièces du répertoire de l'époque. On reconnaît la pièce de Victor Hugo, *Ruy Blas;* celle de d'Ennery, *Les Deux Orphelines* et *L'Ami Fritz,* sans doute tirée de l'œuvre d'Erckmann-Chatrian.

2 *Une broque:* de broche, déchet de fer, puis petite monnaie, donc presque rien.

Scène II

En scène. Le décor représente les gorges de Roncevaux. Apparition de Piégelé.

LES PREUX: «Noël! Noël! Gloire à l'illustrissime Roland!»

PIÉGELÉ, *jouant:* «Ah! Ah! Voici ma fidèle armée!... ma fidèle armée...» ...euh... heu...

LE SOUFFLEUR: «Voici mes vieux compagnons d'armes. Salut, ô mes preux!»

PIÉGELÉ: «Voici mes vieux compagnons d'armes. Salut aux nez creux!»

LE SOUFFLEUR, *rectifiant:* «O mes preux!»

PIÉGELÉ: «Aux lépreux!» C'est ce que je voulais dire. «Salut aux lépreux!»

LE SOUFFLEUR: «Et vous, mes adversaires, tremblez; car je suis le fameux paladin!...»

PIÉGELÉ: «Et vous, mes adversaires, tremblez; car je suis le fameux Paul Adam[1]!»

LE SOUFFLEUR, *rectifiant:* «Paladin!»

PIÉGELÉ: «Péladan», pardon. «Je suis le fameux Péladan[1]!»

LE SOUFFLEUR: «Autour de mon nom, brille une légende illustre.»

PIÉGELÉ: «Auteur de mon nombril, légende illustrée.»

LE SOUFFLEUR: «Par cent faits.»

PIÉGELÉ: «Par Sanfourche.» heu... heu...

LE SOUFFLEUR: «Eh bien, mes preux...»

PIÉGELÉ: «Eh bien, lépreux...»

VOIX DANS LA SALLE: Assez!... Ferme ça! Ta bouche!

LE SOUFFLEUR: «Aussi vrai que je suis Roland.»

PIÉGELÉ: «Aussi vrai que je suis Laurent...; ... Durand! je

1 *Paul Adam* (1862-1920) et *Joséphin Péladan* (1859-1918): deux écrivains français contemporains de Courteline.

veux dire... Non, pas Durand, ... chose, ... machin... euh...

LE SOUFFLEUR: «Aussi vrai que je suis neveu de Charlemagne...»

PIÉGELÉ: «Aussi vrai que je suis le vieux Charlemagne.»

LE SOUFFLEUR: «Je suis content!»

PIÉGELÉ, *avec autorité:* «Je suis Gontran!»

LE SOUFFLEUR: «et fier.»

PIÉGELÉ: «et Pierre!»

LE SOUFFLEUR: «... à voir tant de vaillance.»

PIÉGELÉ: «... avorton de Mayence... Je suis Gontran et Pierre, avorton de Mayence...» euh... euh... «Salut aux lépreux!»

Dans la salle, potin ahurissant. On entend: Conspuez le débutant! Assez! A la porte! Enlevez-le!

PIÉGELÉ, *avec une grande dignité:* Dites donc, quand vous aurez fini de faire du pet? Vrai alors, en voilà une salle de fourneaux[1]!

LE PUBLIC: Au rideau!... Des excuses!... On insulte les spectateurs!

PIÉGELÉ: Et puis d'abord, ce n'est pas vous qui m'apprendrez mon métier! Une fois, à Brive, dans la même soirée, j'ai pris 4500 au trou!!! Le malin qui en fera autant?

UNE VOIX D'EN HAUT: Trou toi-même! Va-donc, eh ballot!

UNE AUTRE VOIX: Ta gueule, bouffi!

Huées. Sifflets aigus. Cris d'oiseaux.

LE SOUFFLEUR, *qui tient bon:* «Sus aux Sarrazins.»

PIÉGELÉ: «Suce un Sarrazin!»

LE PUBLIC: Assez! Assez donc!

LE SOUFFLEUR: «Je veux voir tournoyer au-dessus de leurs têtes l'épée immense du grand Empereur!»

PIÉGELÉ: «Je veux voir tournoyer au-dessus de leurs têtes l'épée immense du grand Empereur!»

1 *Fourneau:* imbécile, empoté (argot usuel de 1900).

LE RÉGISSEUR, *paraissant en scène:* Retirez-vous!

PIÉGELÉ: Jamais!

LE RÉGISSEUR: A moi!

Entrent des machinistes, des pompiers, des garçons d'accessoires, lesquels s'emparent de Piégelé. Hurlements dans la salle.

PIÉGELÉ, *soulevé de terre et emmené à bout de bras:* Je n'ai pas fini, je n'ai pas fini! C'est ignoble. On veut m'empêcher de me produire!... «Salut aux lépreux! Salut aux lépreux! Je suis... euh... Je suis Galswinthe[1]...»

Il disparaît.

[1] *Galswinthe:* fille du roi des Wisigoths, seconde épouse de Chilpéric I, roi de Neustrie, morte étranglée en 568.

Le petit malade

LE MÉDECIN, *le chapeau à la main*: C'est ici, Madame, qu'il y a un petit malade?

MADAME: C'est ici, docteur; entrez donc. Docteur, c'est pour mon petit garçon. Figurez-vous, ce pauvre mignon, je ne sais pas comment ça se fait, depuis ce matin tout le temps il tombe.

LE MÉDECIN: Il tombe!

MADAME: Tout le temps; oui, docteur.

LE MÉDECIN: Par terre?

MADAME: Par terre.

LE MÉDECIN: C'est étrange, cela. Quel âge a-t-il?

MADAME: Quatre ans et demi.

LE MÉDECIN: Quand le diable y serait, on tient sur ses jambes, à cet âge-là! Et comment ça lui a-t-il pris?

MADAME: Je n'y comprends rien, je vous dis. Il était très bien hier soir et il trottait comme un lapin à travers l'appartement. Ce matin, je vais pour le lever, comme j'ai l'habitude de faire. Je lui enfile ses bas, je lui passe sa culotte, et je le mets sur ses jambes. Pouf! il tombe!

LE MÉDECIN: Un faux pas, peut-être.

MADAME: Attendez!... Je me précipite; je le relève...

Pouf! il tombe une seconde fois. Étonnée, je le relève encore... Pouf! par terre! et comme ça sept ou huit fois de suite. Bref, docteur, je vous le répète, je ne sais pas comment ça se fait, depuis ce matin, tout le temps il tombe.

LE MÉDECIN: Voilà qui tient du merveilleux. Je puis voir le petit malade?

MADAME: Sans doute.

Elle sort, puis reparaît tenant dans ses bras le gamin. Celui-ci arbore sur ses joues les couleurs d'une extravagante bonne santé. Il est vêtu d'un pantalon et d'une blouse lâche, empesée de confitures séchées.

LE MÉDECIN: Il est superbe, cet enfant-là!... Mettez-le à terre, je vous prie.

La mère obéit. L'enfant tombe.

LE MÉDECIN: Encore une fois, s'il vous plaît.

Même jeu que ci-dessus. L'enfant tombe.

MADAME: Encore.

Troisième mise sur pieds, immédiatement suivie de chute du petit malade qui tombe tout le temps.

LE MÉDECIN, *rêveur:* C'est inouï. *(Au petit malade, que soutient sa mère sous les bras.)* Dis-moi, mon petit ami, tu as du bobo quelque part?

TOTO: Non, monsieur.

LE MÉDECIN: Cette nuit, tu as bien dormi?

TOTO: Oui, monsieur.

LE MÉDECIN: Et tu as de l'appétit, ce matin? mangerais-tu volontiers une petite sousoupe?

TOTO: Oui, monsieur.

LE MÉDECIN: Parfaitement. C'est de la paralysie.

MADAME: De la para!... Ah Dieu!

Elle lève les bras au ciel. L'enfant tombe.

LE MÉDECIN: Hélas! oui, Madame. Paralysie complète des membres inférieurs. D'ailleurs, vous allez voir vous-même que les chairs du petit malade sont frappées d'insensibilité absolue. *(Tout en parlant, il s'est approché du gamin et il s'apprête à faire l'expérience indiquée, mais tout à coup:)* Ah çà, mais... ah çà, mais... ah çà, mais... *(Puis éclatant:)* Eh! sacrédié, Madame, qu'est-ce que vous venez me chanter avec votre paralysie?

MADAME: Mais, docteur...

LE MÉDECIN: Je le crois bien, tonnerre de Dieu, qu'il ne puisse tenir sur ses pieds... Vous lui avez mis les deux jambes dans la même jambe du pantalon!

Le gora

BOBÉCHOTTE: Trognon, je vais bien t'épater. Oui, je vais t'en boucher une surface. Sais-tu qui est-ce qui m'a fait un cadeau? La concierge.

GUSTAVE: Peste! tu as de belles relations! Tu ne m'avais jamais dit ça!

BOBÉCHOTTE: Ne chine[1] pas la concierge, Trognon; c'est une femme tout ce qu'il y a de bath; à preuve qu'elle m'a donné... devine quoi? un gora!

GUSTAVE: La concierge t'a donné un gora?

BOBÉCHOTTE: Oui, mon vieux.

GUSTAVE: Et qu'est-ce que c'est que ça, un gora?

BOBÉCHOTTE: Tu ne sais pas ce que c'est qu'un gora?

GUSTAVE: Ma foi, non.

BOBÉCHOTTE, *égayée:* Mon pauvre Trognon, je te savais un peu poire, mais à ce point-là, je n'aurais pas cru. Alors, non, tu ne sais pas qu'un gora, c'est un chat!

GUSTAVE: Ah!... Un angora, tu veux dire.

BOBÉCHOTTE: Comment?

GUSTAVE: Tu dis: un gora.

BOBÉCHOTTE: Naturellement, je dis: un gora.

1 *Chiner:* plaisanter, se moquer.

GUSTAVE: Eh bien! on ne dit pas: un gora.

BOBÉCHOTTE: On ne dit pas: un gora?

GUSTAVE: Non.

BOBÉCHOTTE: Qu'est-ce qu'on dit alors?

GUSTAVE: On dit: un angora.

BOBÉCHOTTE: Depuis quand?

GUSTAVE: Depuis toujours.

BOBÉCHOTTE: Tu crois?

GUSTAVE: J'en suis même certain.

BOBÉCHOTTE: J'avoue que tu m'étonnes un peu. La concierge dit: un gora, et si elle dit: un gora, c'est qu'on doit dire: un gora. Tu n'as pas besoin de rigoler, je la connais mieux que toi, peut-être, et c'est encore pas toi, avec tes airs malins, qui lui feras le poil pour l'instruction.

GUSTAVE: Elle est si instruite que ça?

BOBÉCHOTTE, *avec une grande simplicité:* Tout ce qui se passe dans la maison, c'est par elle que je l'ai appris.

GUSTAVE: C'est une raison, je le reconnais, mais ça ne change rien à l'affaire, et pour ce qui est de dire: un angora, sois sûre qu'on dit: un angora.

BOBÉCHOTTE: Je dirai ce que tu voudras, Trognon; ça m'est bien égal, après tout, et si nous n'avons jamais d'autre motif de dispute...

GUSTAVE: C'est évident.

BOBÉCHOTTE: N'est-ce pas?

GUSTAVE: Sans doute.

BOBÉCHOTTE: Le tout, c'est qu'il soit joli, hein?

GUSTAVE: Qui?

BOBÉCHOTTE: Le petit nangora que m'a donné la concierge et, à cet égard-là, il n'y a pas mieux. Un vrai amour de petit nangora, figure-toi; pas plus gros que mon poing, avec des souliers blancs, des yeux comme des cerises à l'eau-de-vie, et un bout de queue pointu, pointu comme l'éteignoir de ma grand-mère... Mon Dieu, quel beau petit nangora!

GUSTAVE: Je vois, au portrait que tu m'en traces, qu'il doit être, en effet, très bien. Une simple observation, mon loup; on ne dit pas: un petit nangora.

BOBÉCHOTTE: Tiens? Pourquoi donc?

GUSTAVE: Parce que c'est du français de cuisine.

BOBÉCHOTTE: En ben! elle est bonne, celle-là! Je dis comme tu m'as dit de dire.

GUSTAVE: Oh! mais pas du tout; je proteste. Je t'ai dit de dire: un angora, mais pas: un petit nangora. *(Muet étonnement de Bobéchotte.)* C'est que, dans le premier cas, l'*a* du mot *angora* est précédé de la lettre *n,* tandis que c'est la lettre *t* qui termine le mot *petit.*

BOBÉCHOTTE: Ah!

GUSTAVE: Oui.

BOBÉCHOTTE, *haussant les épaules:* En voilà des histoires! Qu'est-ce que je dois dire avec tout ça?

GUSTAVE: Tu dois dire: un petit angora.

BOBÉCHOTTE: C'est bien sûr, au moins?

GUSTAVE: N'en doute pas.

BOBÉCHOTTE: Il n'y a pas d'erreur?

GUSTAVE: Sois tranquille.

BOBÉCHOTTE: Je tiens à être fixée, tu comprends.

GUSTAVE: Tu l'es comme avec une vis.

BOBÉCHOTTE: N'en parlons plus. Maintenant, je voudrais ton avis. J'ai envie de l'appeler Zigoto.

GUSTAVE: Excellente idée!

BOBÉCHOTTE: Il me semble.

GUSTAVE: Je trouve ça épatant!

BOBÉCHOTTE: N'est-ce pas?

GUSTAVE: C'est simple.

BOBÉCHOTTE : Gai.

GUSTAVE : Sans prétention.

BOBÉCHOTTE : C'est facile à se rappeler.

GUSTAVE : Ça fait rire le monde.

BOBÉCHOTTE : Et ça dit bien ce que ça veut dire. Oui, je crois que pour un tangora, le nom n'est pas trop mal trouvé. *(Elle rit.)*

GUSTAVE : Pour un quoi ?

BOBÉCHOTTE : Pour un tangora.

GUSTAVE : Ce n'est pas pour te dire des choses désagréables, mais, ma pauvre cocotte en sucre, j'ai de la peine à me faire comprendre. Fais donc attention, sapristoche ? On ne dit pas : un tangora.

BOBÉCHOTTE : Ça va durer longtemps, cette plaisanterie-là ?

GUSTAVE, *interloqué :* Permets...

BOBÉCHOTTE : Je n'aime pas beaucoup qu'on s'offre ma physionomie, et si tu es venu dans le but de te payer mon 24-30[1], il vaudrait mieux le dire tout de suite.

GUSTAVE : Tu t'emballes ; tu as bien tort ! Je dis : « On dit un angora, un petit angora ou un gros angora » ; il n'y a pas de quoi fouetter un chien, et tu ne vas pas te fâcher pour une question de liaison.

BOBÉCHOTTE : Liaison !... Une liaison comme la nôtre vaut mieux que bien des ménages, d'abord ; et puis, si ça ne te suffit pas, épouse-moi ; est-ce que je t'en empêche ? Malappris ! Grossier personnage !

GUSTAVE : Moi ?

BOBÉCHOTTE : D'ailleurs, tout ça, c'est de ma faute et je n'ai que ce que je mérite. Si, au lieu de me conduire gentiment avec toi, je m'étais payé ton 24-30 comme les neuf-dixièmes des grenouilles que tu as gratifiées de tes faveurs, tu

1 *Te payer mon 24-30 :* te payer ma tête (dimensions du portrait).

te garderais bien de te payer le mien aujourd'hui. C'est toujours le même raisonnement: «Je ne te crains pas! Je t'enquiquine!» Quelle dégoûtation, bon Dieu! Heureusement, il est encore temps.

GUSTAVE, *inquiet:* Hein? Comment? Qu'est-ce que tu dis? Il est encore temps!... Temps de quoi?

BOBÉCHOTTE: Je me comprends; c'est le principal. Vois-tu, c'est toujours imprudent de jouer au plus fin avec une femme. De plus malins que toi y ont trouvé leur maître. Parfaitement! A bon entendeur... Je t'en flanquerai, moi, du zangora!

Au temple[1]

Tiracinq, *examinant de tout près la qualité d'un pantalon dont il se dispose à faire l'emplette :* C'est bon, cela ? C'est solide ?

La Marchande : Du fer.

Tiracinq : Faudra voir... Vous pensez que ça m'ira ?

La Marchande : Comme un gant.

Tiracinq : Faudra voir encore. Combien ?

La Marchande : Vingt-deux francs.

Tiracinq, *suffoqué :* Vingt-deux francs ! *(Tirant de sa poche un couteau) :* Mais, madame, voilà un couteau qui ne m'a coûté que dix-neuf sous.

La Marchande : Quel rapport ?...

Tiracinq : Le rapport que je n'irai pas payer vingt-deux francs une culotte, quand je peux avoir pour dix-neuf sous un superbe couteau à trois lames... *(Un temps),* dont une lime... *(Autre temps),* et un tire-bouchon *(La marchande veut placer un mot).* Non ! Non !... Inutile d'insister. L'écart est trop grand, songez donc... Est-ce que vous avez des gilets ?

La Marchande : Oui, monsieur.

Tiracinq : Faites-m'en voir quelques-uns *(La marchande*

1 *Le Carreau du Temple :* marché parisien où l'on trouve surtout des vêtements de confection et des soldes.

exhibe des gilets). Eh ! eh !... En voici un qui me plairait assez. C'est bon, cela ?

LA MARCHANDE : Oh !!!

TIRACINQ, *méfiant :* ... Pas bien sûr !... Enfin ! Ça vaut ?

LA MARCHANDE : Ça vaut six francs, dernier prix.

TIRACINQ, *qui bondit :* Six francs !... *(Les bras cassés) :* Mais, madame, la semaine dernière j'avais perdu la clé de chez moi, je m'en suis fait faire une neuve ; ça m'a coûté quarante sous... Tenez *(Il tire sa clé),* la voilà !... Preuve que ce n'est pas une blague.

LA MARCHANDE, *ahurie :* Eh bien ?...

TIRACINQ : Eh bien ! je n'irai pas... Ça non ! *(Geste énergique),* donner six francs d'un gilet lorsque je peux avoir trois clés pour le même prix.

LA MARCHANDE : Je comprends de moins en moins...

TIRACINQ : Pardon !... Vous comprenez admirablement, au contraire ! Que diable, madame, il faut être raisonnable et ne pas prendre les gens pour des provinciaux. *(Ironique)* Nous ne sommes plus aux jours bénis de l'Exposition... *(La marchande veut parler).* Ce n'est pas la peine d'essayer, je vous dis que vous ne me la ferez pas... Que vous tentiez de me ficher dedans, à merveille !... Seulement, moi, n'est-ce pas, je me défends !... Vous avez des pardessus ?

LA MARCHANDE, *sans enthousiasme :* Oui.

TIRACINQ : Montrez-m'en. Voilà le printemps ; je désirerais avoir un paletot de demi-saison... quelque chose de léger et de bon goût... pas trop cher *(La marchande exhibe des paletots).* Ma foi, ce pardessus havane me paraît plein de distinction.

LA MARCHANDE : Je vous crois !... C'est du dernier cri !

TIRACINQ : Je le pensais... Reste à savoir si c'est bon.

LA MARCHANDE : Ça, je vous en réponds !

TIRACINQ, *incrédule :* Euh !... euh !... Combien ?

LA MARCHANDE: Trente-neuf francs.

TIRACINQ: Trente-neuf francs!

LA MARCHANDE: Et encore, c'est bien pour que vous me fichiez la paix.

TIRACINQ: C'est de l'extravagance!... de l'extravagance pure!... *(Tirant sa pipe):* Mais, madame, voilà une pipe de gruyère *(Se reprenant)*... de bruyère, pardon..., excellente, dans laquelle je fume depuis six mois... Eh bien, elle m'a coûté six sous au bazar de l'Hôtel-de-Ville! Bien mieux que ça! Savez-vous combien je paye mon vin?

LA MARCHANDE, *exaspérée:* Eh! encore une fois, quel rapport?...

TIRACINQ: Quarante-cinq centimes le litre!... tout rendu... et naturel!... Et vous vous figurez bonnement que je vais dépenser trente-neuf francs pour un pardessus havane, quand je peux avoir pour neuf sous un petit bordeaux excellent?... Vous me prendriez pour une bonne tête! A propos, est-ce que vous avez des chapeaux?

LA MARCHANDE: Oui, mais qui ne vous plairaient pas.

TIRACINQ: A cause?

LA MARCHANDE: A cause de leur prix. *(Très douce):* Voyons, raisonnablement, vous n'iriez pas mettre trois francs pour vous procurer une coiffure, quand vous pouvez aller[1]... pour la somme de cinq centimes.

1 Aux toilettes publiques.

Une évasion de Latude[1]

Le théâtre représente l'intérieur d'un cachot. Face au public, une porte percée d'un guichet. A gauche, une lucarne grillée, aux barreaux découpés en croix de Saint-André sur le clair azur du dehors. A droite, une couchette composée en tout et pour tout d'un matelas et d'un traversin.
Au lever du rideau, la scène est vide. Soudain, trémolo à l'orchestre. Coups sourds dans le sol. Une dalle se soulève, et l'on voit apparaître le visage inculte et la tignasse ébouriffée de l'infortuné Latude.

Scène première

LATUDE: Personne? *(Il jette un coup d'œil autour de lui.)* Personne! *(Il se hisse sur les poignets et pénètre dans la cellule.)* Je suis Laté, j'ai trente-cinq ans de captivitude. *(Il se reprend.)* Heu... Je suis Latude, veux-je dire; j'ai trente-cinq ans de viticapté; heu... de tivécapti; pardon!... Flûte, je ne trouve

1 Jean-Henri de Latude (1725-1805), bâtard de la famille de Latude. Ayant envoyé une boîte explosive à Mme de Pompadour, favorite du roi Louis XV, il la prévint, dans l'espoir d'obtenir une récompense. Mais son coup fut découvert et il fut emprisonné sans jugement à Vincennes en 1750. Il s'évada trois fois et fut libéré en 1784.

plus mes mots. C'est le manque d'oxygène. Saleté de Pompadour qui me laisse pourrir sur la paille humide des cachots! Si jamais... Mais patience! patience! l'heure est proche! *(Solennel:)* Voici la cellule où le vidame de Proutrépéto, victime comme moi des haines de la favorite, gémit durant tant d'années; et voici le lit où ce digne vieillard rendit, hier, le dernier soupir. *(Il soulève sa casquette.)* Salut, demeure chaste et pure! – Cristi, que ça sent le renfermé. *(Il va à la lucarne, qu'il ouvre; puis revient à l'avant-scène.)* Or, M. de Proutrépéto ayant dévissé son billard[1], l'administration a conçu le dessein de faire carder son matelas. Ceci m'a donné une idée. J'ai enlevé une partie de la laine, je l'ai fait disparaître de la façon suivante. *(Il indique qu'il l'a boulottée.)* Et à cette heure, je vais prendre sa place. Une fois dans le matelas, qu'est-ce que je fais? Je ramène la toile sur moi et je la recouds à l'intérieur. Arrivent les cardeurs qui n'y voient que du feu et me descendent ingénument devant la porte de la prison. C'est très bien. Je tire mon couteau, je crève la toile au matelas, je crève la paillasse aux cardeurs, après quoi, à nous l'oxygène! C'est extrêmement ingénieux!

Mais, me direz-vous, mon ami, tu t'es donc procuré du fil, une aiguille et un couteau?

Chut?... *(Mystérieux:)* J'ai improvisé moi-même ces divers objets mobiliers. Le couteau, je l'ai fabriqué avec un manche de côtelette; l'aiguille, avec une arête de merlan; et le fil... Devinez un peu? Non, devinez un peu pour voir? ... Avec du bœuf!!! Tous les jours, depuis trente-cinq ans, je prenais sur ma portion un petit filament de gîte à la noix que je dissimulais avec soin dans le creux de ma main, et qui venait s'ajouter à la masse. Résultat: ceci *(Il tire de sa poche une pelote de couleur brune.)*... c'est-à-dire la liberté!! Ah!

1 *Dévisser son billard:* mourir.

l'ingéniosité des prisonniers défie toute comparaison ! Avec tout ça, je bavarde, moi. Quelle heure est-il ? *(Il regarde par la lucarne.)* Il est précisément, au soleil, onze heures quarante-quatre minutes ; dans un quart d'heure, mes deux gaillards seront ici. Deux cardeurs de matelas et un quart d'heure d'horloge, ça fait trois quarts d'heure ; j'ai le temps. *(Il va au matelas et l'éventre. Suffoqué :)* Crebleu ! quelle poussière ! Pourvu que je n'aille pas éternuer !

Il plonge les pieds en avant, dans le matelas, qu'il referme et recoud sur lui, conformément à son petit programme.

Un temps. Au-dehors, l'horloge de la prison sonne les douze coups de midi. Re-trémolo à l'orchestre. Grincement de clef dans la serrure.

La porte s'ouvre. Apparition des deux cardeurs de matelas.

Scène II

Les cardeurs, Latude caché

PREMIER CARDEUR : Voici l'objet. A nous camarade ! et du nerf ! *(Le jour s'assombrit. Grondements d'orage qui se prépare.)* Diable ! le temps se gâte.

DEUXIÈME CARDEUR : Oui, camarade, nous allons avoir de l'orage. Le pauvre cardeur de matelas est exposé plus que tout autre aux intempéries des saisons.

PREMIER CARDEUR : Tu dis vrai, mais assez causé. Tu feras de la philosophie un autre jour. Allume ! Allume !

DEUXIÈME CARDEUR : Espère un peu.

Les deux hommes s'approchent du matelas où est enseveli Latude, et ils en soulèvent les coins. Nouveau nuage de poussière.

DEUXIÈME CARDEUR, *toussant à fendre l'âme :* Oïe ! Oïe ! Oïe !

PREMIER CARDEUR, *même jeu :* Eh là ! Eh là ! Voilà un sacré nid à vermine qui ne pèche pas par excès d'humidité. S'il y pousse des champignons, je consens à cesser de boire.

DEUXIÈME CARDEUR: J'ai la langue aussi rêche qu'une râpe à fromage, rien que d'avoir ouvert la bouche.

PREMIER CARDEUR: La peste soit de ta langue, éternel bavard! Au lieu de t'attarder à des sottises, que ne vas-tu plutôt nous quérir deux bons gourdins de chêne ou d'érable dont nous rosserons ce matelas tant et si bien qu'il ne gardera pas plus de poussière que tu n'as, toi, gardé de jugeote?

DEUXIÈME CARDEUR: Belle idée!

PREMIER CARDEUR, *égayé:* Eh! Eh! que t'en semble?

DEUXIÈME CARDEUR: Oui, l'invention est lumineuse; j'ai justement, depuis l'an dernier, une belle gaule à abattre les noix, qui fera tout à fait l'affaire. Espère un peu; je ne fais qu'aller et revenir; le temps de donner un coup de scie et de faire d'une seule perche deux triques. Je suis à toi dans la minute.

Il sort.

Derrière le dos du premier cardeur, le matelas donne des signes manifestes d'inquiétude.

Un temps.

Rentrée du deuxième cardeur armé de deux énormes rotins.

DEUXIÈME CARDEUR: Ils sont de pareille longueur. Choisis.

PREMIER CARDEUR: Camarade, tout est bon outil aux mains d'un bon ouvrier. *(Il s'empare d'un des bâtons, retrousse ses manches et crache dans sa main.)* A c't'heure, faisons vite et bien. Et en mesure, autant que possible!

Ils remontent au fond du théâtre et se mettent, pleins d'entrain, à l'ouvrage. Sur le matelas, les coups s'abattent en cadence.

LES DEUX CARDEURS, *chantant:*

Pan! Pan! Courage,
Bon artisan!

Ton poing pesant
Tape et fait rage.
Je fais ma besogne en chantant
Pan! Pan!

Ils s'arrêtent pour souffler. Silence, auquel se mêlent les gémissements de l'infortuné Latude.

DEUXIÈME CARDEUR, *l'oreille tendue:* Espère un peu! Tu entends, eh?

PREMIER CARDEUR, *indifférent:* C'est ce pauvre diable de Latude qui se désole à l'étage au-dessous.

DEUXIÈME CARDEUR, *apitoyé:* Trente-cinq ans de captivité!...

PREMIER CARDEUR: Bah! le gaillard n'est pas un sot, c'est au contraire une fine mouche qui a plus de malignité dans son petit doigt que toi dans toute ta carcasse, et qui s'évade de prison aussi aisément qu'il rote.

DEUXIÈME CARDEUR: Tu badines!

PREMIER CARDEUR: Je ne badine point. Il se gausse d'un mur de cachot comme une poignée d'eau se gausse d'une main fermée. Gageons qu'un de ces quatre matins il trouvera encore moyen de prendre la clef des champs. Or ça, si nous en finissions? J'ai hâte d'aller vider bouteille.

Les deux hommes s'emparent du matelas, s'efforcent de le soulever et y parviennent à grand-peine.

Stupéfaits:

DEUXIÈME CARDEUR: Diantre!

PREMIER CARDEUR: Qu'est ceci?

DEUXIÈME CARDEUR: En voilà bien d'une autre. M'est avis que ce pucier pèse le poids d'un pourceau de six mois.

PREMIER CARDEUR: M'est avis aussi.

DEUXIÈME CARDEUR: Si je tenais celui qui le rembourra de limaille de plomb, je lui prouverais le contraire sur l'heure.

PREMIER CARDEUR, *inspiré:* L'ami, par l'huis béant de cette porte, j'aperçois une fenêtre ouverte. Elle donne sur la route déserte qui borde le mur de la prison. Ne penses-tu pas que si nous y précipitions le gaillard après l'avoir gentiment balancé en comptant: «Une! Deusse! Troisse!» il serait arrivé avant nous, nous évitant ainsi la peine de le descendre et nous épargnant de l'huile de bras?

DEUXIÈME CARDEUR, *enthousiasmé:* Tu es décidément un habile homme, l'ami! J'admire la simplicité de ton projet et je crois que nous devons sans retard le mettre à exécution. Donc, partageons-nous la besogne et voyons à faire diligence.

Ayant ainsi parlé, il imprime au matelas un mouvement balancé de tribord à bâbord. Son camarade l'imite.

LES DEUX CARDEURS, *comptant les mesures:* Une!... Deusse!... Et troisse!

Le matelas, échappé à leurs doigts, s'envole comme un énorme oiseau et disparaît par le cadre de la fenêtre.

Coup de timbre. Le décor change.

Scène III

Au fond, le pied de meulière du mur de la prison. A l'avant-scène, un chemin semé d'herbes et d'orties, sur lequel repose le matelas. Troisième trémolo à l'orchestre, puis craquement de calicot qu'on déchire, et apparition de Latude. Sur le visage de cet infortuné, les coups de bâtons des cardeurs ont marqué en larges bandes noires qui le font pareil à un zèbre.

LATUDE, *qui se dresse.* Quelle chute!... *(Il se tâte.)* Mes membres endoloris sont-ils toujours à leur place? *(Rassuré.)* Merci, mon Dieu!!! Que ne suis-je en sûreté, loin de ces murs... je me livrerais à une courte prière. Mais courons au plus pressé.

Il s'élance.

A moi l'oxygène!

Fausse sortie.

Que j'emporte ce matelas, au fait. Je le vendrai au premier fripier que je rencontrerai sur ma route, et le diable s'en mêlera, ou j'en tirerai vingt-cinq sols, lesquels me feront grand bien.

Il charge le matelas sur ses épaules et s'enfuit précipitamment.

La scène reste vide.

Tout à coup, à l'orchestre, quatrième et dernier trémolo et apparition des cardeurs.

PREMIER CARDEUR, *le regard promené autour de lui:* Où est le matelas? *(Épouvanté.)* Ventre du Christ! il y a de la magie là-dessous!...

DEUXIÈME CARDEUR: Eh! espère un peu, que diable! Donne-lui le temps d'arriver.

Illusion

La scène se passe dans les bureaux d'un grand journal du matin. Entre un monsieur très poli.

LE MONSIEUR: Le secrétaire de la rédaction, s'il vous plaît?

LE SECRÉTAIRE: C'est moi, monsieur. Qu'y a-t-il pour votre service?

LE MONSIEUR: Monsieur, j'ai composé une pièce de vers et je viens la soumettre à votre appréciation. Je serais heureux qu'elle parût dans votre estimable journal. Mon Dieu, je n'en fais pas une question de vanité, et puis ma femme serait extrêmement flattée. J'ajoute que pour le paiement *(avec finesse)* nous nous entendrons toujours.

LE SECRÉTAIRE: Je n'en doute pas. Malheureusement, le public de notre journal n'est pas très friand de poésie. Je le regrette, car en vérité vous avez une petite figure qui me plaît et j'eusse été ravi de vous être agréable. Voyons, vous n'auriez pas appris, par hasard, que l'ex-procureur général Bouchez a enfin accepté de requérir contre le général Boulanger[1]?

1 *Georges Boulanger* (1837-1891). Il joua un rôle important dans la reprise de Paris sur la Commune. Homme d'État, nationaliste, révisionniste, le gouvernement le condamna (en 1889) à la détention perpétuelle par contumace.

LE MONSIEUR: Ah! non, monsieur.

LE SECRÉTAIRE: Ou que le théâtre de l'Ambigu s'est écroulé dans les catacombes[1] ?

LE MONSIEUR: Pas davantage.

LE SECRÉTAIRE: Tant pis; j'eusse accueilli avec empressement une information de cette importance. Enfin, à chacun sa spécialité *(le monsieur s'incline);* et vous, monsieur, vous êtes poète.

LE MONSIEUR: Il n'y a pas de sot métier.

LE SECRÉTAIRE: Sans doute. Quel genre faites-vous?

LE MONSIEUR, *très modeste:* Le genre Victor Hugo.

LE SECRÉTAIRE: Parfaitement *(étendant la main).* Voulez-vous me permettre de jeter un coup d'œil?

LE MONSIEUR: Comment donc?

LE SECRÉTAIRE, *regardant:* Ah, ah, c'est un quatrain.

LE MONSIEUR: Plaît-il?

LE SECRÉTAIRE: Je dis: «Ah, ah, c'est un quatrain.»

LE MONSIEUR, *point fixé:* Un quatrain?... Euh... oui et non; ça dépend comme vous l'entendez. Dans tous les cas, ce n'est pas obscène.

LE SECRÉTAIRE: Non?

LE MONSIEUR: Oh! du tout! c'est simplement quatre vers que j'ai composés à la gloire du maréchal Bertrand[2]

LE SECRÉTAIRE: Pourquoi, du maréchal Bertrand?

LE MONSIEUR: Je ne peux pas vous dire, monsieur; c'est une idée qui m'est venue.

LE SECRÉTAIRE: Je doute qu'elle fût venue à d'autres.

LE MONSIEUR, *flatté:* N'est-ce pas?

Silence.

1 *Les Catacombes:* souterrains parisiens, anciennes carrières de l'époque romaine. On les visite.
L'Ambigu: Théâtre parisien disparu en 1965.
2 *Maréchal Bertrand:* général français qui resta fidèle à Napoléon 1er, le suivit à l'île d'Elbe puis à Sainte-Hélène et organisa le retour de ses cendres en 1840. (Il fut nommé maréchal du palais en 1813).

Le Secrétaire, *après avoir lu:* Eh! mais c'est fort gentil, cela! Oui, cela est fort délicat et original tout à fait. Pourtant, dites-moi, je lis ce vers: «Il repose aujourd'hui aux Invalides aux côtés de son ancien maître et ami le grand Napoléon»; ne le croyez-vous pas un peu grand?

Le Monsieur: Napoléon?

Le Secrétaire: Non, le vers.

Le Monsieur: Point du tout, monsieur.

Le Secrétaire: Excusez-moi, je l'avais jugé ainsi, à le voir courir le long de la marge et rattraper le bas de la feuille.

Le Monsieur, *avec un sourire exquis mais où perce, cependant, une légère pointe d'ironie:* Voilà la cause de votre erreur, parfaitement excusable, au reste, chez une personne point familiarisée avec les règles de la poésie. Ce n'est pas le vers qui est trop long, monsieur, c'est le papier qui est trop court.

Cumul

L'EMPLOYÉ DE MINISTÈRE: Bonjour, monsieur le Directeur, me voici enfin de retour, et ma première visite est pour vous.

LE DIRECTEUR: Ah, c'est vous, monsieur le fonctionnaire! A vrai dire, je ne pensais plus que l'on dût jamais vous revoir, depuis trois mois que vous êtes absent.

L'EMPLOYÉ DE MINISTÈRE: Trois mois déjà? *(A la réflexion.)* Eh! ma foi!... Je suis parti le 15 juillet; cela fait trois mois... bien pleins, même. Comme le temps passe!

LE DIRECTEUR, *stupéfait:* Non, mais je vous admire! Ainsi, trois mois durant, sans autorisation, vous vous absentez de la maison qui vous paye; et le jour où vous vous décidez à reparaître, voilà tout ce que vous trouvez à dire: «Comme le temps passe!»

L'EMPLOYÉ DE MINISTÈRE: N'est-ce point votre avis?

LE DIRECTEUR: Mon avis est que l'on vit rarement audace comparable à la vôtre.

L'EMPLOYÉ DE MINISTÈRE, *incrédule:* Allons donc!

LE DIRECTEUR: Et le ministre lui-même n'est pas loin de partager cette manière de voir. Il me le disait encore hier au soir: «Cet employé devient indiscret, à la fin. On ne s'absente pas trois mois sans donner signe de vie. D'abord c'est à peine convenable et puis enfin, tout arrive, on pourrait avoir besoin de lui».

L'EMPLOYÉ DE MINISTÈRE, *étonné:* Besoin de moi!

LE DIRECTEUR: Oui.

L'EMPLOYÉ DE MINISTÈRE: Pour quoi faire?

LE DIRECTEUR: Vous moquez-vous de moi?

L'EMPLOYÉ DE MINISTÈRE: En aucune façon. Voyons, raisonnablement, à quoi est-ce que nous sommes bons, vous, moi, et les milliers de messieurs qui vivent du budget des administrations? A rien du tout, vous le savez parfaitement, qu'à compliquer un tas d'affaires qui iraient toutes seules sans cela. Ne voilà-t-il pas de belle besogne!

LE DIRECTEUR: Assez, je vous prie! vous n'êtes pas ici pour faire la critique d'une maison qui vous fait vivre, mais pour la servir de votre mieux. Vous avez sur votre bureau plus de deux cents affaires en retard!

L'EMPLOYÉ DE MINISTÈRE: Tant que ça?

LE DIRECTEUR: Oui, monsieur, tant que ça! et il est honteux à vous...

L'EMPLOYÉ DE MINISTÈRE: Allons, allons; ne vous emportez pas, je vais donner un coup de collier et vous enlever ça en cinq secs. Dites que je ne suis pas un gentil garçon? D'ailleurs, ça me sera facile: je suis pour huit jours à Paris.

LE DIRECTEUR, *abasourdi:* Pour huit jours!... Vous ne songez sans doute pas à redisparaître, j'imagine?

L'EMPLOYÉ DE MINISTÈRE, *souriant:* Il le faudra bien, cependant. *(Un temps.)* Je suis voyageur de commerce, moi.

LE DIRECTEUR: Vous êtes voyageur de commerce?

L'EMPLOYÉ DE MINISTÈRE: Sans doute, je fais les huiles en province. *(Très engageant.)* Voyons, nous n'auriez pas besoin d'un bon petit colza épuré[1]?

[1] *Colza épuré:* une huile de colza raffinée.

Monsieur Badin

Création au Théâtre du Grand-Guignol, le 13 avril 1897.

Le cabinet du directeur. Celui-ci, installé à sa table de travail, donne des signatures qu'il éponge aussitôt. Brusquement, il s'interrompt, allonge la main vers un cordon de sonnette. Sonnerie à la cantonade. La porte s'ouvre. Le garçon de bureau apparaît.

LE DIRECTEUR : C'est vous, Ovide ?

OVIDE : Oui, monsieur le Directeur.

LE DIRECTEUR : Est-ce que M. Badin est venu ?

OVIDE : Oui, monsieur le Directeur.

LE DIRECTEUR, *stupéfait :* M. Badin est là ?

OVIDE : Parfaitement.

LE DIRECTEUR : Réfléchissez à ce que vous dites. Je vous demande si Monsieur Badin, l'expéditionnaire du troisième bureau, est à son poste, oui ou non.

OVIDE : Monsieur le Directeur, il y est !

LE DIRECTEUR, *soupçonneux :* Ovide, vous avez bu.

OVIDE, *désespéré :* Moi !...

LE DIRECTEUR : Allons ! avouez la vérité ; je ne vous dirai rien pour cette fois.

OVIDE, *des larmes dans la voix:* Monsieur le Directeur, je vous jure!... J'ai bu qu'un verre de coco.

LE DIRECTEUR, *à lui-même:* La présence de Monsieur Badin au ministère constitue un tel phénomène, une telle anomalie!... Enfin, nous allons bien voir. Allez me chercher Monsieur Badin.

OVIDE: Bien, monsieur le Directeur.

Il sort. Le directeur s'est remis à la besogne. Long silence. Enfin, à la porte trois petits coups.

LE DIRECTEUR: Entrez!

Apparition de Monsieur Badin.

MONSIEUR BADIN, *saluant jusqu'à terre:* Monsieur le Directeur...

LE DIRECTEUR, *toujours plongé dans ses signatures:* Bonjour, Monsieur Badin. Entrez donc, Monsieur Badin, et prenez un siège, je vous prie.

MONSIEUR BADIN: Je suis confus...

LE DIRECTEUR: Du tout, du tout. Dites-moi, Monsieur Badin, voilà près de quinze jours que vous n'avez mis le pied à l'Administration.

MONSIEUR BADIN, *humble:* Ne m'en parlez pas!...

LE DIRECTEUR: Permettez! C'est justement pour vous en parler que je vous ai fait prier de passer à mon cabinet. Voilà, dis-je, près de quinze jours que vous n'avez mis le pied à l'Administration. Tenu au courant de votre absence par votre chef de bureau, et inquiet pour votre santé, j'ai envoyé six fois le médecin du ministère prendre chez vous de vos nouvelles. On lui a répondu six fois que vous étiez à la brasserie.

MONSIEUR BADIN: Monsieur, on lui a menti. Mon concierge est un imposteur que je ferai mettre à la porte par le propriétaire.

LE DIRECTEUR: Fort bien, Monsieur Badin, fort bien: ne vous excitez pas ainsi.

MONSIEUR BADIN: Monsieur, je vais vous expliquer. J'ai été retenu chez moi par des affaires de famille. J'ai perdu mon beau-frère...

LE DIRECTEUR: Encore!

MONSIEUR BADIN: Monsieur...

LE DIRECTEUR: Ah ça! Monsieur Badin, est-ce que vous vous fichez de moi?

MONSIEUR BADIN: Oh!...

LE DIRECTEUR: A cette heure, vous avez perdu votre beau-frère, comme déjà, il y a trois semaines, vous aviez perdu votre tante, comme vous aviez perdu votre oncle le mois dernier, votre père à la Trinité, votre mère à Pâques! Sans préjudice, naturellement, de tous les cousins, cousines, et autres parents éloignés que vous n'avez cessé de mettre en terre à raison d'un au moins la semaine. Quel massacre! non, mais quel massacre! A-t-on idée d'une boucherie pareille!... Et je ne parle ici, notez bien, ni de la petite sœur qui se marie deux fois l'an, ni de la grande qui accouche tous les trois mois. Eh bien! monsieur, en voilà assez. Que vous vous moquiez du monde, soit! mais il y a des limites à tout, et si vous supposez que l'Administration vous donne deux mille quatre cents francs pour que vous passiez votre vie à marier les uns, à enterrer les autres, ou à tenir sur les fonts baptismaux, vous vous mettez le doigt dans l'œil!

MONSIEUR BADIN: Monsieur le Directeur...

LE DIRECTEUR: Taisez-vous! Vous parlerez quand j'aurai fini! Vous êtes ici trois employés attachés à l'expédition: vous, M. Soupe et M. Fairbatu. M. Soupe en est aujourd'hui à sa trente-septième année de service et il n'y a plus à attendre de lui que les preuves de sa vaine bonne volonté.

Quant à M. Fairbatu, c'est bien simple: il place des huiles en province!...[1] Alors quoi? Car voilà pourtant où nous en sommes, il est inouï de penser que sur trois expéditionnaires, l'un soit gâteux, le second voyageur de commerce et le troisième à l'enterrement depuis le jour de l'An jusqu'à la Saint-Sylvestre!... Et naïvement vous vous êtes fait à l'idée que les choses pouvaient continuer de ce train?... Non, monsieur Badin; cent fois non! J'en suis las, moi, des enterrements, et des mariages, et des baptêmes!... Désormais, c'est de deux choses l'une: la présence ou la démission! Choisissez! Si c'est la démission, je l'accepte! Je l'accepte à l'instant même. Est-ce clair? Si c'est le contraire, vous me ferez le plaisir d'être ici chaque jour sur le coup de dix heures, et ceci à partir de demain. Est-ce clair? J'ajoute que le jour où la fatalité, cette fatalité odieuse qui vous poursuit, semble se faire un jeu de vous persécuter, viendra vous frapper de nouveau dans vos affections de famille, je vous balancerai, moi! Est-ce clair?

MONSIEUR BADIN: Ah! vous me faites bien de la peine, monsieur le Directeur! A la façon dont vous me parlez, je vois bien que vous n'êtes pas content.

LE DIRECTEUR: Allons donc! Mais vous vous trompez; je suis fort satisfait au contraire!

MONSIEUR BADIN: Vous raillez.

LE DIRECTEUR: Moi!... monsieur Badin?... que j'eusse une âme si traîtresse!... qu'un si lâche dessein...

MONSIEUR BADIN: Si, monsieur; vous raillez. Vous êtes comme tous ces imbéciles qui trouvent plaisant de me taper sur le ventre et de m'appeler employé pour rire. Pour rire!... Dieu, vous garde, monsieur, de vivre jamais un quart d'heure de ma vie d'employé pour rire!

1 Voir la pièce «Cumul».

LE DIRECTEUR, *étonné:* Pourquoi cela!

MONSIEUR BADIN: Écoutez, monsieur. Avez-vous jamais réfléchi au sort du pauvre fonctionnaire qui, systématiquement, opiniâtrement, ne veut pas aller au bureau, et que la peur d'être mis à la porte hante, poursuit, torture, martyrise, d'un bout de la journée à l'autre?

LE DIRECTEUR: Ma foi non.

MONSIEUR BADIN: Eh bien! monsieur, c'est une chose épouvantable, et c'est là ma vie, cependant. Tous les matins, je me raisonne, je me dis: «Va au bureau, Badin; voilà plus de huit jours que tu n'y es allé!» Je m'habille, alors, et je pars; je me dirige vers le bureau. Mais ouitche! j'entre à la brasserie; je prends un bock..., deux bocks..., trois bocks! Je regarde marcher l'horloge, pensant: «Quand elle marquera l'heure, je me rendrai à mon ministère.» Malheureusement, quand elle a marqué l'heure, j'attends qu'elle marque le quart; quand elle a marqué le quart, j'attends qu'elle marque la demie...

LE DIRECTEUR: Quand elle a marqué la demie, vous vous donnez le quart d'heure de grâce...

MONSIEUR BADIN: Parfaitement! Après quoi je me dis: «Il est trop tard. J'aurais l'air de me moquer du monde. Ce sera pour une autre fois!» Quelle existence! Quelle existence! Moi qui avais un si bon estomac, un si bon sommeil, une si belle gaieté, je ne prends plus plaisir à rien, tout ce que je mange me semble amer comme du fiel! Si je sors, je longe les murs comme un voleur, l'œil aux aguets, avec la peur incessante de rencontrer un de mes chefs! Si je rentre, c'est avec l'idée que je vais trouver chez le concierge mon arrêté de révocation! Je vis sous la crainte du renvoi comme un patient sous le couperet!... Ah! Dieu!...

LE DIRECTEUR: Une question, monsieur Badin. Est-ce que vous parlez sérieusement?

MONSIEUR BADIN: J'ai bien le cœur à la plaisanterie!... Mais réfléchissez donc, monsieur le Directeur. Les trois mille francs qu'on me donne ici, je n'ai que cela pour vivre, moi! que deviendrai-je, le jour, inévitable, hélas! où on ne me les donnera plus? Car, enfin, je ne me fais aucune illusion: j'ai trente-cinq ans, âge terrible où le malheureux qui a laissé échapper son pain doit renoncer à l'espoir de le retrouver jamais!... Oui, ah! ce n'est pas gai, tout cela! Aussi, je me fais un sang! Monsieur, j'ai maigri de vingt livres, depuis *que je ne suis jamais* au ministère! *(Il relève son pantalon.)* Regardez plutôt mes mollets, si on ne dirait pas des bougies. Et si vous pouviez voir mes reins! des vrais reins de chat écorché; c'est lamentable. Tenez, monsieur (nous sommes entre hommes, nous pouvons bien nous dire cela), ce matin, j'ai eu la curiosité de regarder mon derrière dans la glace. Eh bien! j'en suis encore malade, rien que d'y penser. Quel spectacle! Un pauvre petit derrière de rien du tout, gros à peine comme les deux poings!... Je n'ai plus de fesses, elles ont fondu! Le chagrin, naturellement; les angoisses continuelles, les affres!... Avec ça, je tousse la nuit, j'ai des transpirations; je me lève des cinq et six fois pour aller boire au pot à eau!... *(Hochant la tête).* Ah! ça finira mal, tout cela; ça me jouera un mauvais tour.

LE DIRECTEUR, *ému:* Eh bien! mais, venez au bureau, monsieur Badin.

MONSIEUR BADIN: Impossible, monsieur le Directeur.

LE DIRECTEUR: Pourquoi?

MONSIEUR BADIN: Je ne peux pas... Ça m'embête.

LE DIRECTEUR: Si tous vos collègues tenaient ce langage...

MONSIEUR BADIN, *un peu sec:* Je vous ferai remarquer, monsieur le Directeur, avec tout le respect que je vous dois, qu'il n'y a pas de comparaison à établir entre moi et mes collègues. Mes collègues ne donnent au bureau que leur zèle, leur activité, leur intelligence et leur temps: moi, c'est ma vie que je lui sacrifie! *(Désespéré.)* Ah! tenez, monsieur, ce n'est plus tenable!

LE DIRECTEUR, *se levant:* C'est assez mon avis.

MONSIEUR BADIN, *se levant également:* N'est-ce pas?

LE DIRECTEUR: Absolument. Remettez-moi votre démission; je la transmettrai au ministre.

MONSIEUR BADIN, *étonné:* Ma démission? Mais, monsieur, je ne songe pas à démissionner! je demande seulement une augmentation.

LE DIRECTEUR: Comment, une augmentation!

MONSIEUR BADIN, *sur le seuil de la porte:* Dame, monsieur, il faut être juste. Je ne peux pourtant pas me tuer pour deux cents francs par mois.

Une lettre chargée[1]

Création au Théâtre du Carillon, le 10 juin 1897.

La scène se passe à la Poste.

LA BRIGE, *le nez au guichet:* Monsieur, un de mes amis qui me devait cent francs vient de me renvoyer cette somme. Il me l'a expédiée par lettre chargée, à mon nom bien entendu, mais adressée au Ministère de l'Intérieur où je suis comme principal. Le facteur chargé de me la remettre s'est présenté à mon bureau avant que j'y fusse arrivé...

L'EMPLOYÉ: ... et il l'a remportée, comme c'était son devoir.

LA BRIGE: Vous l'avez dit. Elle a donc fait retour à la poste.

L'EMPLOYÉ: ... et, à cette heure, c'est moi qui l'ai.

LA BRIGE: Ah!... Voulez-vous me la donner, s'il vous plaît? Je suis monsieur...

L'EMPLOYÉ: ... monsieur La Brige.

LA BRIGE, *un peu étonné:* Il est vrai. Mais comment...

L'EMPLOYÉ: Vous ne me remettez pas?

LA BRIGE: Mon Dieu...

1 *Lettre chargée:* sorte d'envoi recommandé, de mandat, délivré sur présentation d'une pièce d'identité.

L'EMPLOYÉ: J'ai eu l'avantage, autrefois, de me trouver souvent avec vous aux vendredis des Crottemouillaud.

LA BRIGE: Chez les Crottemouillaud?

L'EMPLOYÉ: Oui.

LA BRIGE, *le fixant:* Eh mais... *(Frappé d'une idée).* Est-ce que je ne vous dois pas cent sous?

L'EMPLOYÉ, *souriant:* C'est possible.

LA BRIGE: C'est même certain! Je me souviens parfaitement. C'était un soir qu'il pleuvait; j'étais sorti sans argent; je vous ai emprunté cinq francs pour prendre un fiacre. Excusez-moi d'être encore votre débiteur.

L'EMPLOYÉ: Mon Dieu; ce n'est rien.

LA BRIGE: Vous savez ce que c'est, n'est-ce pas? On se rencontre; on s'emprunte cent sous un jour qu'il pleut, après quoi on se perd de vue, les années passent...

L'EMPLOYÉ: Mais oui, mais oui.

LA BRIGE: Rappelez-moi donc votre nom... Ratbouilli, je crois; Ratcrevé?

L'EMPLOYÉ: Ratcuit.

LA BRIGE: C'est ce que je voulais dire. Vous avez une sœur?

L'EMPLOYÉ: Oui, monsieur.

LA BRIGE: Fort blonde?

L'EMPLOYÉ: Fort blonde.

LA BRIGE: C'est bien ça. La délicieuse jeune fille!... Je la fis valser bien des fois! Je vous prie de m'excuser si je ne vous ai pas reconnu: je ne m'attendais pas au plaisir de vous voir, puis vous êtes à contre-jour. Enchanté de vous retrouver en bonne santé. Votre sœur va bien?

L'EMPLOYÉ: A merveille.

LA BRIGE: Veuillez me rappeler à son souvenir et lui faire tous mes compliments.

L'EMPLOYÉ: Je n'y manquerai pas.

LA BRIGE: Mille grâces. Donc, vous avez une lettre pour moi, une lettre chargée contenant cent francs?

L'EMPLOYÉ: La voici.

Il la lui fait voir.

LA BRIGE: Bon!

Il avance la main par l'ouverture du guichet.

L'EMPLOYÉ, *qui recule la sienne:* Pardon.

LA BRIGE: Qu'est-ce qu'il y a, monsieur? Vous ne voulez pas me donner ma lettre?

L'EMPLOYÉ: Je veux bien vous donner votre lettre, mais il vous faut, au préalable, justifier de votre identité.

LA BRIGE: A qui?

L'EMPLOYÉ: A moi.

LA BRIGE: A vous?

L'EMPLOYÉ: Sans doute.

Un temps.

LA BRIGE, *stupéfait:* Elle est bien bonne!... Il faut que je vous établisse comme quoi je suis monsieur La Brige, alors que vous avez été le premier à me reconnaître, pour m'avoir vu vingt fois, naguère, chez nos amis les Crottemouillaud?

L'EMPLOYÉ: Je vous ai reconnu en tant qu'homme du monde; mais j'ignore qui vous êtes, en tant que fonctionnaire.

LA BRIGE: Certes, j'avais entendu parler des chinoiseries administratives; mais celle-ci...

L'EMPLOYÉ: Je suis employé de l'État; les règlements sont les règlements et je ne saurais les enfreindre sans risque.

La Brige veut parler.

L'EMPLOYÉ: Eh! monsieur, il y va de ma responsabilité. Supposez que vous ne soyez pas le destinataire de cette lettre et que je vous la remette cependant. Qu'arriverait-il? Il arriverait: primo, que je serais engueulé comme du poisson pourri; secundo, que j'aurais à rembourser de ma poche les cent francs, valeur déclarée, accusés à sa souscription.

LA BRIGE: Que diable allez-vous chercher là! Suis-je, oui ou non, M. La Brige? De votre propre aveu, le suis-je?

L'EMPLOYÉ: Vous êtes M. La Brige, c'est vrai.

LA BRIGE: Eh bien, alors?

L'EMPLOYÉ: Eh bien, justifiez, preuves en main, que vous êtes bien cette personne, et je vous remettrai ce qui est à vous.

LA BRIGE, *les yeux au ciel:* La fooorme!... Enfin! *(Il tire son portefeuille.)* Voici des enveloppes de lettres.

L'EMPLOYÉ: Ça ne suffit pas. Avez-vous votre carte d'électeur?

LA BRIGE: Non, mais je peux vous montrer ma quittance de loyer et mon contrat d'assurance.

L'EMPLOYÉ: Je m'en contenterai.

LA BRIGE: C'est heureux. Voici ces deux pièces.

L'EMPLOYÉ, *qui les prend:* Merci.

Long silence. L'employé examine les papiers de tout près. De l'autre côté du grillage auquel il repose son front, La Brige attend une décision en grinçant des maxillaires. A la fin:

L'EMPLOYÉ: Je reconnais l'authenticité de ces documents. Seulement, ils ne prouvent rien.

LA BRIGE: Pourquoi?

L'EMPLOYÉ: Parce qu'ils concernent un nommé Jean-Philippe La Brige, domicilié 41 bis, rue de Douai, alors que la lettre chargée, objet de votre démarche, intéresse un nommé La Brige, prénommé aussi Jean-Philippe, mais domicilié place Beauvau, au Ministère de l'Intérieur.

LA BRIGE: Si bien que voilà le ministre obligé de me louer

un bureau ou de m'assurer contre le feu, faute de quoi ce sera comme des pommes pour rentrer dans mes cent francs.

L'EMPLOYÉ: Rassurez-vous. La lettre vous sera représentée.

LA BRIGE: Quand?

L'EMPLOYÉ: Demain matin, à huit heures.

LA BRIGE: Bon! Les bureaux n'ouvrent qu'à dix.

L'EMPLOYÉ: Puis à midi.

LA BRIGE: De mieux en mieux. C'est le moment où je pars déjeuner.

L'EMPLOYÉ: Puis à dix heures.

LA BRIGE: Du soir?... Parfait! Les ministères ferment à cinq.

L'EMPLOYÉ: Monsieur, j'en suis désolé; mais avec la meilleure volonté du monde il n'est pas possible à la poste de modifier les heures du courrier à seule fin de les faire concorder avec vos heures de présence au Ministère de l'Intérieur.

LA BRIGE: Alors?

L'EMPLOYÉ: Alors...

Geste vague.

LA BRIGE: Alors, c'est bien ce que je pensais; nous passerons, le facteur et moi, la moitié de notre existence à tenter de nous rencontrer, et l'autre moitié à flétrir la fatalité exécrable qui nous isolera, moi et lui, trois fois chaque jour, à heures fixes, sur des points différents du globe. Cependant sciemment et de sang-froid, vous persisterez à détenir entre vos mains une somme d'argent dont j'ai besoin et que vous savez être à moi au point de n'en pouvoir douter?

L'EMPLOYÉ: Monsieur?

LA BRIGE: Monsieur, cela est trop absurde. Si je connais bien le règlement, le destinataire d'une lettre chargée entre en possession de son dû moyennant décharge au facteur par lui donnée sur un petit livre à cet effet?

L'EMPLOYÉ: Oui.

LA BRIGE: Ceci sans le concours d'aucun contrat d'assurance, d'aucune quittance de loyer, en un mot, d'aucune sorte de papier authentique répondant de l'identité du signataire?

L'EMPLOYÉ: Non.

LA BRIGE: C'est tout ce que je voulais savoir, vous trouverez donc bon, monsieur, que je donne la somme de vingt sous au concierge de mon Ministère afin qu'il réponde: «C'est moi» quand le facteur, ma lettre à la main, viendra lui demander: «M. La Brige?»

L'EMPLOYÉ: Je n'y vois pas d'inconvénient.

LA BRIGE: Vous voudrez bien tenir pour excellente la griffe: «Jean-Philippe La Brige» qu'apposera sur registre officiel ce personnage appelé Pépin?

L'EMPLOYÉ: Pourquoi pas?

LA BRIGE: Ce sera un faux.

L'EMPLOYÉ: Qu'est-ce que vous voulez que j'y fasse ?

LA BRIGE: Rien du tout. Nous voici d'accord et vous m'en voyez plein de joie. Monsieur, à l'honneur de vous revoir! Mes amitiés à votre sœur.

L'EMPLOYÉ: Serviteur de tout mon cœur! Quant aux cent sous, ça ne presse pas.

LA BRIGE: Où avais-je la tête? *(Tirant les cinq francs de sa poche.)* Les voici.

L'EMPLOYÉ: Merci mille fois.

LA BRIGE, *retirant sa main:* Pardon!

L'EMPLOYÉ: Quoi?

LA BRIGE: Un instant... Vous êtes bien monsieur Ratbouilli?

L'EMPLOYÉ: Ratcuit.

LA BRIGE: Ratcuit, je veux dire.

L'EMPLOYÉ: Parbleu!

LA BRIGE: Bon!... Vous pouvez me l'établir?

L'EMPLOYÉ: Établir quoi?

LA BRIGE: Que vous êtes bien cette personne.

L'EMPLOYÉ: Moi?

LA BRIGE: Vous avez des parchemins?

L'EMPLOYÉ: Monsieur...

LA BRIGE: Des lettres de noblesse?

L'EMPLOYÉ: Ah çà...

LA BRIGE: Vous êtes au Gotha[1], j'imagine?

L'EMPLOYÉ: Mais...

LA BRIGE: A l'annuaire des châteaux?

L'EMPLOYÉ: Non!

LA BRIGE: Non? Eh bien, mon cher monsieur, allez vous y faire inscrire.

Il remet son argent dans sa poche.

L'EMPLOYÉ: Dites donc, vous vous fichez de moi.

LA BRIGE: J'en suis tout à fait incapable. Seulement, vous savez le proverbe: les bons comptes font les bons amis. J'ai emprunté cent sous à un homme du monde; je n'ai aucune espèce de raison pour les rendre à un rond de cuir. Au revoir, monsieur Ratbouilli.

L'EMPLOYÉ, *exaspéré:* Ratcuit!

1 *Le Gotha:* annuaire généalogique, diplomatique et statistique publié à Gotha, ville d'Allemagne, en français et en allemand, de 1763 à 1944. Faire partie du Gotha: faire partie des grands de ce monde.

La correspondance cassée[1]

La scène se passe à Paris. Place de la Bastille, à la tête de ligne des tramways « Place Blanche, Boulevard Richard-Lenoir ». On va partir. Debout sur la plate-forme du véhicule, le contrôleur appelle les numéros.

Scène première

LE CONTROLEUR : Cinquante-huit !... Cinquante-neuf !... Soixante !... Soixante et un !...

LA BRIGE, *qui a le 61, s'approchant :* Monsieur, je descends à l'instant même du tramway de la Porte Rapp, muni de cette correspondance, que j'ai cassée sans le faire exprès. En voici les deux morceaux. Est-ce qu'elle est tout de même valable ?

Le contrôleur ne dit ni oui ni non. Il borne sa réponse à un hochement négatif, absolument imperceptible d'ailleurs, de sa casquette brodée d'argent. C'est en effet un personnage consi-

1 *Correspondance :* il s'agit d'un billet de carton, ticket de tramway, délivré dans les « bureaux » placés à chaque croisement et qui donnait droit, à un point de croisement, d'emprunter certaines lignes et d'accomplir un nouveau trajet sans rien débourser. Ces billets étaient numérotés et les voyageurs montaient dans l'ordre des numéros.

dérable, qui doit aux seules supériorités de sa rare intelligence la haute situation qu'il occupe dans la vie. Il se sait fils de ses œuvres[1]*; il est en outre homme d'esprit et a la répartie facile, toutes qualités qui l'enorgueillissent fort et le portent à traiter avec quelque dédain les petites gens que leur humble condition oblige à prendre le tramway.*

LE CONTROLEUR: Soixante-deux!... Soixante-trois!... Soixante-quatre!... Soixante-cinq!...

LA BRIGE, *qui recommence:* Monsieur, j'ai le soixante et un; mais, ainsi que je vous l'ai déjà dit, voici ce qui m'est arrivé. En descendant du tramway de la Porte Rapp, je me suis flanqué les quatre fers en l'air, si bien que ma correspondance s'est cassée dans mes doigts, en deux. Est-elle tout de même valable?

LE CONTROLEUR, *qui, cette fois, ne s'abaisse même plus jusqu'à agiter sa casquette:* Soixante-six!... Soixante-sept!... Soixante-huit!... Soixante-neuf!...

LA BRIGE: Pardon. Est-ce que vous êtes sourd, idiot ou empaillé?

LE CONTROLEUR: Vous dites?

LA BRIGE: Je dis: «Est-ce que vous êtes sourd, idiot ou empaillé?»

LE CONTROLEUR: Dites donc! Je vais aller vous enseigner la politesse, moi.

LA BRIGE: Vous aurez donc à l'aller apprendre d'abord. Voilà deux fois que je vous demande si cette correspondance cassée peut encore servir, oui ou non.

LE CONTROLEUR, *dans un aboiement:* Non, elle ne peut pas servir!!!

LA BRIGE: Il fallait le dire tout de suite. Puis, d'où vient

1 *Être fils de ses œuvres:* ne devoir sa situation qu'à soi-même, à son travail.

qu'elle ne puisse servir? Les morceaux en sont bons, pourtant.

LE CONTROLEUR, *spirituel:* Mangez-les, s'ils sont si bons que ça. *(Il rit. Un temps).* Eh bien?... Quoi?... Quand vous resterez là une heure, avec votre correspondance?... Je vous répète qu'elle ne vaut rien!...

LA BRIGE: Elle ne vaut rien parce que vous ne voulez pas la prendre. Vous n'avez pas de complaisance, voilà tout. Voyons, quel plaisir prenez-vous à me faire dépenser trois sous inutilement?

LE CONTROLEUR: Il ne s'agit pas de tout ça. Voulez-vous monter, et payer?

LA BRIGE: ... Et remarquez bien, je vous prie, que chacun des deux morceaux de cette correspondance cassée est absolument intact, qu'en rapprochant ces deux moitiés nous formons un tout parfait, timbré à la date du jour et aux couleurs réglementaires...

LE CONTROLEUR, *qui ne discute plus:* Soixante-dix!... Soixante et onze!... Soixante-douze!...

LA BRIGE: Il suffit; je paierai ma place.

LE CONTROLEUR: Vous vous décidez? C'est heureux!

La Brige escalade l'impériale et s'installe. Le tramway part. Deux minutes s'écoulent.

Scène II

Soudain:

LE CONTROLEUR, *apparaissant brusquement:* Places, siouplaît!

LA BRIGE, *qui a tiré de sa poche un portefeuille bourré de billets de banque et en a pris un dans le tas:* Voici.

LE CONTROLEUR: Qu'est-ce que c'est que ça?

LA BRIGE: C'est un billet de mille.

LE CONTROLEUR: De mille!... Qu'est-ce que vous voulez que j'en fasse?

LA BRIGE: Payez-vous.

LE CONTROLEUR: Je n'ai pas de monnaie.

LA BRIGE: Vous m'en voyez pénétré de tristesse!... *(Un temps.)* J'en ai, moi.

LE CONTROLEUR: De la monnaie?

LA BRIGE: Certes!... Au point que j'en suis comme cousu. Tenez *(Tapant sur son gousset),* entendez, en mes poches, la joyeuse chanson du billon[1]. Dites, n'ai-je point l'air d'avoir sur moi des escadrons de mules harnachées? Ah! la voix harmonieuse des pièces de dix centimes!... N'est-elle pas la plus douce du monde?

LE CONTROLEUR, *agacé:* Allez-vous me payer, à la fin?

LA BRIGE: Je serais le dernier des hommes si je prétendais occuper sur une impériale de tramway une place dont je n'acquitterais point le montant. *(Souriant):* Mon brave, voici cinquante louis; les voulez-vous ou ne les voulez-vous pas?

LE CONTROLEUR: Je n'ai pas de monnaie, encore une fois.

LA BRIGE: Allez en faire.

LE CONTROLEUR: Est-ce que vous vous fichez du monde? Nous allons peut-être changer l'itinéraire de la voiture et passer par la Banque de France!

LA BRIGE: Passez par où il vous plaira; mais quant à avoir un seul sou des innombrables sous contenus en mes poches, abandonnez cette espérance.

LE CONTROLEUR: Cependant...

LA BRIGE: Je vous demande pardon. Les règlements en vigueur disent-ils que je dois payer ma place en espèces déterminées?

1 *Billon:* monnaie de cuivre et d'un peu d'argent.

Le Controleur: Il ne s'agit pas de ça. Du reste, je m'en bats l'œil... Vous êtes voyageur sans argent; je vous signalerai au prochain bureau, boulevard des Filles-du-Calvaire.

La Brige: Non.

Le Controleur: Pourquoi donc?

La Brige: Pourquoi?... Parce que je descends ici. Voulez-vous faire arrêter, je vous prie?

Le Controleur: Vous ne descendrez pas.

La Brige: Je descendrai, au contraire; je descendrai à l'instant même, attendu qu'il n'est point de lois ni de prophètes s'opposant à ce qu'un voyageur descende du tramway quand il lui plaît d'en descendre. J'en appelle aux personnes présentes, et, si cela devient nécessaire, à MM. les gardiens de la paix.

Le Controleur: Payez d'abord.

La Brige: Vous dites toujours la même chose. Pour la troisième et dernière fois, pouvez-vous me rendre sur mille francs?

Le Controleur: Non.

La Brige: Eh bien! allez vous asseoir... *(Il se lève.)*

Le Controleur: Bon Dieu! voulez-vous rester là?...

La Brige: Mon ami, je suis un homme fort doux, mais il ne faut pas abuser. Si vous avez le malheur de me barrer le chemin, je vous saisis par la culotte et je vous envoie sur la chaussée par-dessus cette balustrade. Voulez-vous me laisser passer?

Le Controleur, *immédiatement revenu à de meilleurs sentiments:* Au fond je crois volontiers qu'une correspondance cassée est, jusqu'à certain point, valable! Celle de Monsieur n'est peut-être pas si mauvaise... et si Monsieur, qui est beaucoup trop honnête homme pour laisser un pauvre diable comme moi casquer de trois sous à sa place, voulait avoir la complaisance de venir jusqu'au bureau des Filles-du-Calvaire...

Le mauvais cocher

LA BRIGE, *sa montre à la main:* Six heures moins vingt. Le train de Vincennes part à moins dix. Hâtons-nous de sauter dans un fiacre.

Il hèle un fiacre qui passe et qui vient se ranger près du trottoir. La Brige y monte.

LA BRIGE: Gare de Vincennes!

LE COCHER, *que de petites affaires personnelles appelaient du côté de Montmartre:* Gare de Vincennes? Y a rien de fait.

LA BRIGE: Comment, rien de fait?

LE COCHER: Non. Je remise.

LA BRIGE: Parfaitement. Je la connais. Voulez me faire le plaisir de filer!... Les cochers sont extraordinaires; ils se croient toujours pendant l'Exposition[1].

LE COCHER: Je vous dis que je vais remiser!...

LA BRIGE: Vous remiserez quand vous m'aurez conduit. Un cocher qui va remiser ne doit pas stationner sur la voie publique et s'arrêter quand on l'appelle. Je connais les règlements. En route, hein! et au trot!

1 Il s'agit de l'Exposition Universelle qui se tenait tous les onze ans et regroupait des pavillons du monde entier. Elle était aussi l'occasion de travaux de prestige (Galerie des Machines, Tour Eiffel).

LE COCHER, *dompté :* C'est bon.

Il touche. Le fiacre s'ébranle; mais le cheval, savamment contenu, rampe sur l'asphalte comme une limace.

LA BRIGE, *au bout d'un instant :* Plus vite, cocher, s'il vous plaît. Je prends le train de six heures moins dix.

LE COCHER : Mon cheval est fatigué.

LA BRIGE : Ne faites pas la bête. Vous en avez pour six minutes tout au plus, si vous voulez y mettre de la bonne volonté. Seulement, du train dont vous allez, nous en avons pour trois quarts d'heure.

LE COCHER : Je vas comme je peux.

LA BRIGE : Ne dites donc pas ça; vous faites exprès de m'embêter. Soyez raisonnable, cocher; un bon mouvement, sacrebleu ! Ça vous fera une belle jambe de me faire manquer mon train.

LE COCHER, *fredonne :*

C'est nous qui sommes les gardes
Municipaux;
Nous avons des cocardes
A nos chapeaux.

LA BRIGE, *qui commence à rager :* Ah ! vraiment ?... Ah ! c'est vous, cocher, qui êtes les gardes ?... Eh bien, mon brave, vous aurez de moi un pourboire que vous pourrez vous introduire dans l'œil sans crainte d'attraper un compère-loriot. Et puis, faites-le moi manquer, le train; faites-le moi manquer, pour voir, le train de six heures moins dix, vous verrez ce qui vous arrivera.

Silence du méprisant cocher qui, par des prodiges d'habileté, trouve moyen de modérer encore l'allure de sa bête. A cette heure, celle-ci marque le pas sur place ! La Brige s'est tu. Six heures moins un quart, puis six heures, puis six heures et quart.

On arrive enfin. Le fiacre s'arrête.

LA BRIGE, *froidement:* Barrière de Vincennes, cocher!

LE COCHER, *stupéfait:* Quoi?

LA BRIGE: Je vous dis: «Barrière de Vincennes.» Vous m'avez fait manquer mon train, je vous garde à l'heure.

LE COCHER, *congestionné et qui saute à bas de son siège:* Nom de Dieu, voulez-vous descendre!...

LA BRIGE: Et remarquez que je ne suis pas méchant. De la place de la Bastille à la barrière de Vincennes, vous en avez pour dix minutes par le faubourg Saint-Antoine. Montrez-vous donc un peu moins bête que vous ne l'avez fait jusqu'alors et songez que notre intérêt à tous les deux est d'être rendu au plus vite.

LE COCHER: Nom de Dieu, voulez-vous descendre!

La foule s'assemble.

LA BRIGE, *la tête à la portière:* Je prie que quelqu'un ait la complaisance d'aller me chercher un agent.

Silence et impassibilité de la foule.

LA BRIGE, *haranguant:* Messieurs et chers concitoyens, vous voyez en moi un pauvre homme submergé de bon droit et de bonne foi et qui se bute au mauvais vouloir d'une brute entêtée et méchante. Lequel de vous, dix fois, vingt fois, cent fois, n'a pas été victime de l'infamie d'un cocher de fiacre? C'est mon cas. Je vous jure, messieurs, que je suis un homme pacifique, ennemi des discussions et des imbéciles chicaneries, et tout à fait digne que les honnêtes gens lui prêtent aide et assistance. Un agent, messieurs, un agent!...

Silence et impassibilité de la foule.

LA BRIGE, *amer:* Il est inouï que dans une ville comme Paris on ne trouve pas de solidarité.

LE COCHER: A la fin, allez-vous descendre?... Faut-il que je vous fiche mon poing sur la figure?

LA BRIGE, *avec un sourire éloquent:* Je vous engage à n'en rien faire.

LE COCHER: Paquet!... Outil!... Tête de veau!

LA BRIGE, *qui, en effet, est chauve:* J'ai la tête d'un veau, mais vous en avez l'âme. Et puis, vous perdez votre temps. Je ne descendrai de cette voiture que si les agents m'en donnent l'ordre.

Ayant ainsi discouru et ne voulant plus rien savoir, La Brige se cale en l'enfoncement du fiacre, avec l'attitude d'un monsieur qui se dispose à hiverner. Il tire une cigarette, qu'il flambe; il tire un journal, qu'il déploie: ceci pour la plus grande exaspération du cocher, lequel emplit l'air de ses cris, bien que n'osant taper, cependant. Cinq minutes s'écoulent; puis:

UN AGENT, *s'approchant:* Qu'est-ce qu'y y a?

LA BRIGE: Enfin!...

Il expose sa petite affaire; mais l'agent, bien entendu, appelé à se prononcer entre un brave homme et une gouape, n'hésite pas une seule minute.

L'AGENT: Le cocher a raison, cela ne fait pas de doute. On prend un fiacre à l'heure ou on le prend à la course. Vous avez pris celui-ci à la course, n'est-ce pas?

LA BRIGE: Oui, mais...

L'AGENT: Et il vous a conduit?

LA BRIGE: Je reconnais que...

L'AGENT: Alors, qu'est-ce que vous réclamez?

LE COCHER, *encouragé:* Il est saoul!... Il est saoul!...

LA BRIGE: Voyons, monsieur l'agent...

LE COCHER: Paye-moi donc, eh voleur!

LA BRIGE: Faites taire cet homme, monsieur l'agent. Vous l'entendez, il m'insulte!

L'Agent: Payez-lui ce que vous lui devez, il ne vous insultera plus.

Le Cocher: Ça, c'est tapé!... Allez, Allez! Des pépètes, ou au violon!

La Brige, *avec le plus grand calme:* Soit. Voici trente sous, cocher. *(A l'agent.)* Et maintenant, monsieur l'agent, que je suis quitte avec cet homme, puis-je le garder, en lui payant le montant d'une seconde course?

L'Agent: Parbleu. *(Goguenard.)* Si ça vous fait plaisir de recracher un franc cinquante pour vous faire mener à la barrière de Vincennes qui est à dix minutes d'ici, c'est votre droit.

La Brige: Oui?

L'Agent: Absolument.

La Brige: C'est tout ce que je voulais savoir. Cocher, à Levallois-Perret.

Le Cocher: A Levallois!... A Levallois-Perret!

L'Agent, *timidement:* Mais... je croyais que vous alliez à la barrière de Vincennes?...

La Brige: Je vais où je veux. De quoi vous mêlez-vous?

Le Cocher, *des larmes dans la voix:* A Levallois!... Mais c'est tout Paris à traverser.

La Brige, *très simple:* En largeur[1].

1 Vincennes est au Sud-Est de Paris. Montmartre au Nord. Levallois-Perret: au Nord-Ouest de la ville; Vincennes-Levallois: il y a bien tout Paris à traverser en diagonale.

Hortense, couche-toi !

Création au théâtre du Grand-Guignol, le 15 mars 1897

Un salon que le désordre des déménagements encombre de paille et de paniers aux larges gueules béantes.

Scène première

Les déménageurs, puis La Brige, puis Hortense.

LES DÉMÉNAGEURS :

Le temps passe, que rien ne saurait prolonger.
Le nouveau locataire est là, qui veut la place.
Commençons par déménager
Ce seau, cette pendule et cette armoire à glace,
Sur nos nuques et sur nos dos
Chargeons, messieurs, chargeons les lourds fardeaux.

LA BRIGE, *entrant :* Une petite minute, s'il vous plaît, messieurs les déménageurs. Je dois vider les lieux aujourd'hui, mais il importe qu'au préalable je paye à M. Saumâtre, propriétaire de cette maison, le montant du trimestre échu.

N'ayant pas les fonds nécessaires, j'ai écrit à M. Saumâtre de venir s'entendre avec moi touchant son règlement de compte ; nul doute que nous nous entendions. Mais voici la charmante Hortense.

Entre Hortense, enceinte de neuf mois.

LES DÉMÉNAGEURS :

Ciel ! quel spectacle ! Ah ! qu'elle est belle à voir !
Quelle aimable pudeur ! Quels feux en sa prunelle !
(A part.)
L'espiègle enfant en son tiroir
Dissimule un Polichinelle !...
Affectons de ne pas nous en apercevoir.
(Haut.)
Sur nos nuques et sur nos dos
Chargeons, messieurs, chargeons les lourds fardeaux.

HORTENSE, *après avoir salué :* Est-ce que M. Saumâtre est venu ?

LA BRIGE : Je l'attends d'une minute à l'autre, car il est midi tout à l'heure et il ne peut tarder maintenant.

Au même instant, M. Saumâtre entre par le fond.

MONSIEUR SAUMATRE : Me voici, monsieur.

Scène II

Les mêmes, M. Saumâtre

LA BRIGE : C'est ma foi vrai ! C'est M. Saumâtre en personne ! Eh ! bonjour, monsieur Saumâtre !

MONSIEUR SAUMATRE, *sur une grande réserve :* Monsieur, mes civilités !

HORTENSE : Monsieur Saumâtre, votre servante !

MONSIEUR SAUMATRE : Madame, je vous présente mes devoirs.

LA BRIGE: Mais donnez-vous la peine d'entrer, et prenez un siège, je vous prie!

MONSIEUR SAUMATRE: C'est inutile.

LA BRIGE: Si fait! Si fait! Voyons, Hortense, ma fille, grouille-toi. Apporte un siège à Monsieur. Donnez-moi votre chapeau.

MONSIEUR SAUMATRE, *débarrassé de son chapeau:* Pardon.

HORTENSE, *le forçant à s'asseoir:* Votre parapluie.

MONSIEUR SAUMATRE, *débarrassé de son parapluie:* Excusez.

HORTENSE: Désirez-vous vous rafraîchir?

MONSIEUR SAUMATRE: Je vous remercie.

HORTENSE: Un verre de bière!... *(A La Brige.)* Tu es là comme un soliveau!... Va donc chercher une canette.

LA BRIGE: J'y cours.

MONSIEUR SAUMATRE: Je vous prie de n'en rien faire. Je ne bois jamais entre mes repas, d'abord; puis, je ne fais qu'entrer et sortir. Donc, causons peu, mais causons bien. *(Mettant la main à la poche intérieure de sa redingote.)* Je vous apporte votre quittance.

LA BRIGE, *qui se méprend:* Ah! monsieur!... Une telle grandeur d'âme! une pareille générosité!...

HORTENSE: Quand je te disais que M. Saumâtre est un homme plein de délicatesse!

LA BRIGE: Croyez bien que vous ne perdez rien. Nous ne sommes ni des ingrats ni des malhonnêtes gens! Hortense est là, qui peut vous le dire, et...

MONSIEUR SAUMATRE: Pardon! Vous avez les fonds?

LA BRIGE, *interloqué:* Non.

MONSIEUR SAUMATRE: En ce cas...

Il remet sa quittance dans sa poche.

LA BRIGE: Comment!

MONSIEUR SAUMATRE, *se levant:* Veuillez me rendre mon chapeau.

LA BRIGE: M. Saumâtre, écoutez-moi.

MONSIEUR SAUMATRE: Monsieur, je n'ai rien à écouter.

HORTENSE: Pourtant...

MONSIEUR SAUMATRE: Je n'ai que faire de vos paroles.

LA BRIGE: Un mot, monsieur Saumâtre; un seul! Voilà exactement cinq ans que je suis votre locataire. Ne vous ai-je pas toujours, à la minute précise, payé l'argent que je vous devais?

MONSIEUR SAUMATRE: Il ne s'agit pas de l'argent que vous avez pu me devoir, mais bien de l'argent que vous me devez!

LA BRIGE: Mon Dieu, je sais.

MONSIEUR SAUMATRE: Il ne s'agit pas de l'argent que vous me donnâtes autrefois, mais de l'argent qu'il faut me donner aujourd'hui.

LA BRIGE: Mais, monsieur, je ne puis vous le donner; je ne l'ai pas.

MONSIEUR SAUMATRE: Je garderai donc votre mobilier.

HORTENSE, *aux cent coups:* Notre mobilier!

MONSIEUR SAUMATRE: C'est mon droit. Mon parapluie, s'il vous plaît.

LA BRIGE: Monsieur Saumâtre...

MONSIEUR SAUMATRE: Monsieur, vous perdez votre temps et vous me faites perdre le mien. Vous me devez; vous ne me payez pas; c'est bien, je me paierai moi-même, ainsi que la loi m'y autorise. Je n'ai pas à vous faire de cadeaux. En aurais-je le désir, que je n'en ai pas le moyen. Voilà qui est clair, je pense? Faites donc enlever au plus vite votre lit et vos instruments de travail. Le nouveau locataire attend que vous lui cédiez la place. J'ai dit. Rendez-moi, je vous prie, mon parapluie et mon chapeau.

LES DÉMÉNAGEURS:

Vit-on jamais férocité pareille?

Monsieur Saumâtre en lui porte un cœur de rocher.
Quoi! rien ne le saurait toucher?
Mais prêtons à la suite une attentive oreille.
Sur nos nuques et sur nos dos
Chargeons, messieurs, chargeons les lourds fardeaux.

LA BRIGE: J'imagine, monsieur Saumâtre, que vous n'avez pas bien compris. Nous ne vous demandons pas un cadeau, nous vous demandons un délai: quarante-huit heures, pas une de plus.

HORTENSE: Nous aurons l'argent après-demain.

LA BRIGE: Ma famille va m'en envoyer. Voici la lettre qui l'atteste.

Il présente la lettre en question, que M. Saumâtre se refuse à lire.

LA BRIGE: Dieu merci, nous sommes d'honnêtes gens. Demandez plutôt à Hortense si nous devons un sou dans le quartier.

HORTENSE, *l'ongle aux dents:* Pas ça.

LA BRIGE: Nous nous trouvons gênés. Ces choses-là arrivent à tout le monde. La vérité est qu'Hortense ayant eu une grossesse pénible, j'ai dû donner au médecin les quelques louis qu'un à un j'avais mis de côté pour vous. *(Câlin.)* Allons, monsieur Saumâtre, allons!

HORTENSE, *chatte:* Ne vous faites pas plus méchant que vous ne l'êtes.

LA BRIGE: Je vous jure que vous serez payé.

HORTENSE: Jusqu'au dernier sou.

LA BRIGE: Dans deux jours. Laissez-nous partir.

MONSIEUR SAUMATRE: Eh! partez!... Je ne vous demande pas autre chose.

LA BRIGE: Avec mon mobilier?

MONSIEUR SAUMATRE: Ah! non.

LA BRIGE: Monsieur, nous ne sommes pas des bohèmes. Nous ne voulons pas emménager avec un lit et une paillasse.

HORTENSE: De quoi aurions-nous l'air?

LA BRIGE, *les bras élargis du désir de persuader:* Voyons!

Mutisme de M. Saumâtre.

LA BRIGE: Causons chiffres. Je vous dois deux cent cinquante francs.

MONSIEUR SAUMATRE: Je ne le sais que trop.

LA BRIGE: Or, j'ai ici pour cinq mille francs au moins de meubles. Laissez-m'en enlever une moitié et gardez l'autre en garantie.

MONSIEUR SAUMATRE: Non.

LA BRIGE: Remarquez que je vais vous signer des billets, payables après-demain matin.

MONSIEUR SAUMATRE: Je n'accepte pas cette monnaie.

LA BRIGE: Pourquoi? Elle en vaut une autre. Des meubles sont toujours des meubles, et des billets sont toujours des billets. Si les billets que je vous offre ne sont pas payés à l'heure dite, eh bien! vous ferez saisir mes meubles à mon nouvel appartement. *Mutisme de M. Saumâtre.*

LA BRIGE: Nous vous laisserions, par exemple, le buffet de la salle à manger, qui vaut vingt-cinq louis comme un liard, et tout le mobilier du salon.

HORTENSE: Y compris le piano.

LA BRIGE: La garniture de cheminée.

HORTENSE: Le baromètre.

LA BRIGE: Et le bronze de chez Barbedienne que nous avons gagné à la loterie de l'Exposition[1]. Le diable y serait,

1 *Barbedienne:* fondeur français (1810-1892). Il reproduisit de nombreuses sculptures anciennes et modernes.
L'Exposition: Il s'agit de l'Exposition Universelle de 1889, d'après la date de la pièce. Elle se tenait tous les onze ans. C'est à l'occasion de celle-ci qu'on édifia la Tour Eiffel.

voilà une proposition acceptable!... doublement avantageuse, puisqu'elle sauvegarde votre créance, et, du coup, nous permet, à nous, de sauvegarder notre dignité, en emménageant comme tout le monde, dans des conditions décentes.

MONSIEUR SAUMATRE, *dans un pâle sourire:* On se fait bien des illusions sur l'état de propriétaire.

LA BRIGE, *qui commence à rager:* L'état de locataire sans argent est bien plus enviable sans doute, et je vous plains de tout mon cœur.

MONSIEUR SAUMATRE: Il suffit. Vos impertinences ne parviendront pas à me convaincre.

LA BRIGE: Je ne suis pas impertinent. Je constate simplement que dans toute cette affaire vous faites preuve d'une étrange mauvaise volonté.

MONSIEUR SAUMATRE: Je fus échaudé trop souvent.

LA BRIGE: Encore une fois...

MONSIEUR SAUMATRE: Encore une fois, veuillez me rendre mon chapeau... Et vous, madame, mon parapluie.

LES DÉMÉNAGEURS:

Conspuez, ô nos cœurs, cet homme opiniâtre,
Contenez vos élans justement indignés.
Et vous, nos yeux, de pleurs baignés,
Flétrissez le cruel Saumâtre!
Sur nos nuques et sur nos dos
Chargeons, messieurs, chargeons les lourds fardeaux.

LA BRIGE, *aux déménageurs:* Je vous demande pardon, mes enfants, mais je suis dans l'obligation de renoncer à vos services. Toutefois, il ne sera pas dit que de braves garçons comme vous se seront dérangés pour rien. J'entends que vous buviez un coup à ma santé. Tu as de la monnaie, Hortense?

LES DÉMÉNAGEURS:

De votre front chargé d'ennui

Écartez toute âpre pensée;
Le déménageur porte en lui
Une âme désintéressée.
Puisque ce monsieur nous accorde
Une équitable indemnité,
Salut à lui! Paix et concorde
Aux gens de bonne volonté.

LA BRIGE: Je suis pauvre. Voilà cent sous. Allez vous désaltérer et laissez là vos paniers que vous reprendrez tout à l'heure.

LES DÉMÉNAGEURS, *enthousiasmés:*

Cent sous!... Il nous offre une thune!...
Ventre Saint-Gris, c'est la fortune!
Or, voici qu'il est midi vingt,
Précipitons nos pas vers le marchand de vin.
Sur nos nuques et sur nos dos
Chargeons, messieurs, chargeons les lourds fardeaux.

Ils sortent.

Scène III

Les mêmes, moins les déménageurs

LA BRIGE, *rapportant à M. Saumâtre son parapluie et son chapeau:* Le Christ a dit: «Rends à César ce qui appartient à César.» Voici votre pépin et votre tube. Et maintenant, toi, Hortense, couche-toi!

HORTENSE, *ahurie:* Que je me couche?

LA BRIGE: A l'instant même. Monsieur Saumâtre... serviteur!

MONSIEUR SAUMATRE, *abasourdi:* Comment!...

LA BRIGE: Veuillez vous retirer.

MONSIEUR SAUMATRE: Ah çà! mais, qu'est-ce que cela veut dire?

LA BRIGE: Cela veut dire, monsieur Saumâtre, que madame, enceinte, est à terme, et que la loi lui donne neuf jours pour accoucher.

MONSIEUR SAUMATRE: Neuf jours!

LA BRIGE: Oui, neuf jours.

MONSIEUR SAUMATRE: Ce n'est pas vrai.

LA BRIGE: Oh! mais pardon... Soyez poli, ou je vais avoir le regret de vous mettre à la porte.

MONSIEUR SAUMATRE: Monsieur, j'ai pour habitude d'être poli avec tout le monde. Seulement vous me permettrez de vous le dire: vous me faites rire avec vos neuf jours. Et mon nouveau locataire?

LA BRIGE: Vous n'avez pas la prétention de le coucher dans le lit d'Hortense?

MONSIEUR SAUMATRE: Non! Mais encore faut-il qu'il couche quelque part.

LA BRIGE: Il couchera où il voudra.

MONSIEUR SAUMATRE, *avec finesse:* A vos frais.

LA BRIGE: : Pourquoi à mes frais? Je ne connais pas cet homme, comme disait Saint-Pierre[1]; c'est avec vous, non avec moi qu'il a passé un contrat, c'est donc, non à moi, mais à vous qu'il intentera un procès, gagné d'avance, bien entendu.

MONSIEUR SAUMATRE: Possible! Seulement, moi, malin, je vous poursuivrai à mon tour.

LA BRIGE: Deuxième procès!

MONSIEUR SAUMATRE: Deuxième procès!

LA BRIGE: Que vous perdrez comme le premier.

MONSIEUR SAUMATRE: Parce que?

1 Paroles prononcées par Saint-Pierre quand il renia Jésus-Christ.

LA BRIGE: Parce que des trois personnes en cause vous êtes la seule qui n'ait pas raison jusqu'au cou. Comment! vous ne comprenez pas que votre nouveau locataire a précisément les mêmes droits à venir occuper ce logement que moi à ne pas en sortir?... lui, en vertu de la loi commune qui régit les contrats entre particuliers, moi, en vertu de la loi d'exception que crée le cas de force majeure?

MONSIEUR SAUMATRE: D'où je conclus qu'étant donné une maison dont je suis le seul propriétaire, tout le monde y est maître, excepté moi?...

LA BRIGE: Naturellement.

MONSIEUR SAUMATRE: Dans tous les cas, il est tout à fait inutile d'élever la voix comme vous le faites. Discutons et tombons d'accord. Nous ne sommes des bêtes féroces ni vous ni moi. Voyons... vous me laisseriez, vous dites?

LA BRIGE: Je vous laisserai peau de balle.

MONSIEUR SAUMATRE: Comment?

LA BRIGE: Et balai de crin... J'emporterai jusqu'aux verres de lampes.

MONSIEUR SAUMATRE: Tout à l'heure...

LA BRIGE: Tout à l'heure n'est pas à présent... Il fallait accepter quand je vous ai offert.

MONSIEUR SAUMATRE: J'ai changé d'avis.

LA BRIGE: Moi aussi.

MONSIEUR SAUMATRE: Soit, je ne veux pas de discussion avec un bon locataire. Vous me signeriez donc des billets payables à quarante-huit heures?

LA BRIGE: Je vous signerai peau de balle.

MONSIEUR SAUMATRE: Elle est trop forte! Pourquoi me l'avez-vous offert, puisque vous aviez l'intention de revenir sur votre parole?

LA BRIGE: Pourquoi avez-vous refusé, puisque vous deviez revenir sur votre décision?

MONSIEUR SAUMATRE: Permettez!

LA BRIGE: Permettez vous-même. J'étais, il y a un instant, un pauvre diable au désespoir de ne pouvoir payer ses dettes et qui en appelait humblement au bon vouloir de son semblable. La loi me menaçait donc de ses foudres. A cette heure, passé à d'autres exercices, je vous expulse d'une maison qui a cessé d'être la mienne. J'ai donc la loi avec moi. Car c'est aussi simple que cela, et il suffit neuf fois sur dix à un honnête homme échoué dans les toiles d'araignée du Code de se conduire comme un malfaiteur pour être immédiatement dans la légalité. Eh bien, monsieur, j'y suis, j'y reste. Vous m'avez contraint à m'y mettre, vous trouverez bon que j'y demeure. Sur ce, mon cher propriétaire, faites-moi le plaisir de filer, que j'aille chercher la sage-femme. Eh bien, Hortense?... Au lit!... Couche-toi!

MONSIEUR SAUMATRE: Hortense, ne vous couchez pas! *(A La Brige.)* Fichez-moi le camp, vous, elle, votre bronze de chez Barbedienne, votre buffet et votre baromètre! Débarrassez-moi le plancher et que je n'entende plus parler de vous.

HORTENSE: Pardon. Et les cent sous que nous avons donnés à messieurs les déménageurs?

MONSIEUR SAUMATRE, *goguenard:* Il faut que je vous les rende peut-être!

LA BRIGE: Vous ne les rendrez pas?

MONSIEUR SAUMATRE: Non!

LA BRIGE: Hortense...

MONSIEUR SAUMATRE, *exaspéré:* Assez!... Les voilà! Est-ce tout? Voulez-vous ma montre?... Voulez-vous mon parapluie?

LA BRIGE: Mille remerciements, cher monsieur. Respectueux du bien d'autrui, je vous laisserai l'une et l'autre. J'ajoute que vous ne perdrez rien. Je vous dois deux cent cinquante francs, je vous les paierai à un centime près!... par acomptes!... vingt sous par semaine!... sur lesquels vous pouvez compter comme s'ils étaient déjà à la Caisse d'Épargne. C'est l'affaire de quelques années, mais que sont quelques années, comparées à l'Éternité? Or, voici les déménageurs qui viennent reprendre leurs paniers et qui arrivent fort à propos pour terminer la comédie. *(Aux déménageurs.)* Tout est bien qui finit bien, nous sommes d'accord, monsieur et moi, et vous pouvez enfin, messieurs, sur vos nuques et sur vos dos, charger, charger les lourds fardeaux.

LES DÉMÉNAGEURS:

Bénissons l'heureuse journée
Qui voit triompher la vertu.

A M. Saumâtre.

Et toi, monstre avide et têtu,
Fuis vers une autre destinée.
Sur nos nuques et sur nos dos
Chargeons, messieurs, chargeons les lourds fardeaux.

Si vous aimez jouer la comédie…
Quelques indications pour une mise en scène

L'ours

Accessoires et costumes: pour la tête de l'ours, un masque de Mardi-Gras fera l'affaire. Pour le farouche Hernandez: un sombrero, de grosses moustaches et une cartouchière.
Le ton: ton solennel et protecteur de Piégelé, qui se sent rempli de l'importance de l'ancien vis-à-vis du débutant qu'est Lapotasse. Puis, ton impatienté devant les enfantillages de ce dernier.
Soigner les cris d'animaux: la caille, le cochon d'Inde et l'ours qui, dans la bouche de Lapotasse, ressemblera plutôt à un hibou.
Entrée et sorties: à la scène 2, l'ours entre côté Jardin (par la gauche), le Brésilien par le côté Cour (droite) ou l'inverse.
Décor: une ou plusieurs plantes vertes. Du papier grossièrement froissé et peint pour figurer des rochers.

Roland

Ou bien l'on possède un équipement de chevalier du Moyen-Age et c'est parfait, ou bien l'on improvise, et pourquoi pas dans le sens du farfelu? Piégelé sera superbe avec une perruque en cheveux de laine, une passoire à légumes en guise de casque, une épée de carton et une couverture drapée sur l'épaule pour figurer le manteau qu'il fera voler dans le feu de l'action.
Pour la scène 2: les preux peuvent ne pas apparaître sur scène mais seulement être entendus dans les coulisses. Roland les désignera simplement d'un geste dans leur direction quand il parlera de sa fidèle armée.
Le souffleur doit être entendu du public. Il pourra se placer, quelques feuillets à la main, à l'entrée des coulisses, côté cour ou côté jardin. Piégelé tendra exagérément l'oreille, pour saisir ses paroles.
Prévoir, répartis dans le vrai public, des acteurs qui joueront le public et accableront Piégelé. Ce serait une réussite, d'ailleurs, si cela engageait le vrai public à faire de même.
Enfin, penser à bien coordonner les répliques du souffleur et celles de Piégelé.

Le petit malade

Avant que le médecin entre en scène, on verra la maman donnant tous les signes de l'inquiétude. On doit voir qu'elle attend quelqu'un : elle marche de long en large en se tordant les mains et en soupirant.
Si l'acteur qui joue l'enfant est trop grand pour être porté, la maman se contentera de le soutenir sous les bras. Il s'écroulera dès qu'elle le lâchera. Dans ce cas, il est préférable que l'enfant soit couché dans son lit sur scène, plutôt qu'elle aille le chercher dans les coulisses.
Le costume du bébé : c'est une de ces longues chemises de nuit qui tombent aux pieds, pour cacher jusqu'au bout la vérité. On prendra soin de montrer l'enfant face au public quand le médecin lui relève sa chemise, afin que les spectateurs comprennent bien ce qui s'est passé. Sous sa longue chemise, l'enfant portera un large pyjama : il aura mis les deux jambes dans la même jambe du vêtement.
Bien soigner les différentes intonations du médecin : perplexe ; bêtifiant avec le bébé ; péremptoire (au moment du diagnostic : il ne veut pas perdre la face) ; furieux quand il découvre la vérité.

Le gora

Bien soigner les liaisons sur lesquelles repose le comique de cette saynète. Gustave sera dans un fauteuil, avec son journal par exemple. Bobéchotte tournera autour de lui, s'assiéra sur ses genoux, sosotte et enfantine, jusqu'à la colère finale.

Une évasion de Latude

Assez difficile à jouer quand on a peu de moyens (décors...).
Certaines indications peuvent être éludées : la trappe par exemple.
Problème du changement de décor à la scène 2. Pour faciliter le lâcher du matelas par la fenêtre, la manœuvre peut se faire à l'entrée des coulisses.

Illusion

C'est un sketch, plus qu'une pièce. La longueur du vers : bien la faire sentir, en le disant et en le mimant ; suivre du doigt la ligne sur la feuille.

La lettre chargée

Pas de problème de décor ni d'accessoire ; en l'absence d'un guichet : une table, une pancarte « Postes » feront l'affaire. Bien faire sentir la différence entre les

deux Ratcuit : l'homme du monde (aimable, plein de manières) et l'employé à la consigne stricte (ton plus sec, indifférent, buté).
L'effarement et l'incompréhension de La Brige doivent faire ressortir l'absurdité de l'attitude de l'employé. Il faudra aussi insister sur le jeu de scène avec la lettre et les 5 francs : c'est le même, mais la situation est inversée. La Brige nargue l'employé en lui montrant la pièce de loin, tenue entre deux doigts.

La correspondance cassée

La scène est amusante mais il faudra trouver, pour la jouer, un expédient pour figurer le tramway.

Le mauvais cocher

Difficile à mettre en scène : c'est une scène de rue et se pose le problème du fiacre !

Hortense, couche-toi !

On peut alléger le texte en supprimant le chœur des déménageurs quoiqu'il soit un élément appréciable du comique. Dans la scène 2, on accentuera le contraste entre La Brige, extrêmement poli, enjoué, et un M. Saumâtre, plus que réservé. Il parlera d'un ton sec et coupant et sera dès l'abord antipathique, ainsi que son nom le fait supposer avant même qu'il entre en scène.
Mettre en valeur le leitmotiv qui donne son titre à la pièce : « Hortense, couche-toi ! »

Petit lexique du théâtre

Aparté: mot ou parole que l'acteur dit à part soi (seul le spectateur est censé l'entendre).

Avant-Scène: le devant de la scène, proche des spectateurs.

Baignoire: loge de rez-de-chaussée (voir «loge» 2).

Balcon: galerie qui fait le tour de la salle, d'une avant-scène à l'autre et garnie de sièges pour les spectateurs.

Brigadier: gros bâton de bois qui sert à frapper les trois coups.

A la cantonade: parler à la cantonade: parler à quelqu'un qui est censé être dans les coulisses.

Cintres: partie du théâtre située au-dessus de la scène entre les décors et les combles.

Corbeille: balcon immédiatement au-dessus de l'orchestre.

Coup: Les trois coups. Ils annoncent le début de la représentation.

Coup de théâtre. Rebondissement, retournement brutal de la situation dans une pièce, pour accroître l'intérêt de l'action; péripétie.

Cour: Côté cour. Le côté droit de la scène.

Côté jardin: le côté gauche de la scène. Pour s'en souvenir, utiliser la méthode de Paul Claudel: projeter sur la scène les initiales de Jésus-Christ: J.C. (jardin à gauche et cour à droite).

Foyer: salle d'un théâtre où l'on peut fumer et boire, où se rassemblaient artistes et spectateurs.

Générale: abréviation de «répétition générale»; ultime répétition d'une pièce avant qu'elle soit jouée devant le public de la première (voir ce mot).

Jardin: voir «cour».

Loge: – petite pièce dans les coulisses, où les acteurs se préparent.

– dans la salle: compartiment comportant plusieurs places. Voir l'expression: «être aux premières loges», à la meilleure place.

Matinée: spectacle donné l'après-midi.

Monologue: scène à un personnage qui parle seul.

Orchestre: espace compris entre le public et la scène. Parfois, en contrebas, dans la fosse d'orchestre, se trouvent les musiciens.

Paradis: galerie supérieure d'un théâtre (les places les moins chères). Voir «poulailler».

Parterre: rez-de-chaussée de la salle de théâtre, où le public, jadis, se tenait debout. Aujourd'hui, ce sont les places situées derrière les fauteuils d'orchestre.

Péripétie: événement imprévu dans une pièce. Voir «coup de théâtre».

Planches: la scène.

Plateau: la scène.

Poulailler: galerie supérieure d'un théâtre (les places les moins chères). Voir «paradis».

Première: première représentation d'une pièce, devant un public de privilégiés.

Promenoir: partie du théâtre où, à l'origine, les spectateurs se tenaient debout et pouvaient circuler.

Protagoniste: personne qui joue le premier rôle.

Quiproquo: méprise qui fait qu'on prend une personne ou une chose pour une autre.

Rampe: – *les feux de la rampe:* rangée de lumières disposées au bord de la scène qui, dans le temps, était équipée d'une balustrade – la rampe – destinée à protéger les spectateurs d'une chute possible dans la fosse de l'orchestre.
– *passer la rampe:* pour un acteur, faire son effet, toucher le public.

Relâche: fermeture momentanée du théâtre: jour de relâche.

Répertoire: liste des pièces qu'un théâtre présente ordinairement.

Tirade: longue réplique dite sans interruption par le même personnage.

Tréteaux: la scène. Jadis, le théâtre en plein air, dans les foires, se faisait sur des tréteaux.

Trou du souffleur: voir «Roland»; petite loge sur le devant de la scène, où se tient le souffleur.

Table des matières

certainement encore besoin de vous. Oui, très bien. Au revoir.«

Becker hielt den Pass von Michelle Boyer hoch. »Laut eurem Ausweis ist Michelle Boyer 72 in Lyon geboren. Dort steht sie aber weder im Melde- noch im Geburtsregister. Saubere Fälschung. Hat sich mit dem Ding in Nizza niedergelassen und sogar ein Gewerbe angemeldet.«

»Was denn für ein Gewerbe?«, fragte Kopper.

»Modeboutique, Boulevard des Anglaises. Sauteures Pflaster.«

Lena beugte sich vor. »Und seit wann ist sie in Nizza gemeldet?«

»August 97, den Laden hat sie auch schon so lange.«

»Michaela Bäuerle taucht im Mai 97 in Ludwigshafen ab und ist Boutiquenbesitzerin in Nizza im August 97? Wie geht das?«

»Blitzkarriere.« Eine von Koppers Ein-Satz-Zusammenfassungen.

»Michelle Boyer – war sie alleinstehend?«

Becker streckte sich. »Zumindest ist niemand außer ihr am Wohnsitz gemeldet.« Er zog die Augenbrauen hoch. »Wollt ihr den mal sehen, den Wohnsitz?«

Kopper und Lena bauten sich rechts und links neben dem Computerbildschirm auf. Becker klickte ein paarmal, und schon erschien blaues Meer, strahlende Sonne, alles schön eingepackt in eine Immobilienanzeige, die Menschen wie Lena und Kopper sich gar nicht erst ansahen.

»Nizza, Rue de Concy.« Becker klickte weiter.

»Meerblick.« Klick. »Pool.« Klick. »Gehört einem Immobilienunternehmer namens Seegmeister!« Klick. »Und der sitzt zufällig hier in Ludwigshafen.«

Und schon erschien die Website der Seegmeister Immobilien International.

Becker ließ die Maus los. »So! Kann ich jetzt wieder an meine Arbeit gehen?«

»Ja«, sagte Lena und überhörte Beckers Wunsch nach einem Kompliment.

Becker verzog sich, Lena und Kopper notierten sich die Adresse und machten sich auf den Weg. Immerhin eine Spur, die es sich genauer zu betrachten lohnte.

***

»Seegmeister Immobilien« residierte in einem nagelneuen Geschäftshaus in der Innenstadt. Viel Glas, viel Metall, viel Geld. An der Rezeption wurden sie freundlich gebeten, ihr Anliegen vorzutragen. Als Lena sich als Polizistin auswies und Kopper als ihren Kollegen vorstellte, wich die Freundlichkeit hektischer Betriebsamkeit. Das war nichts Neues für Lena, die meisten Menschen wurden panisch, wenn sie es mit der Polizei zu tun bekamen, egal ob sie etwas ausgefressen hatten oder nicht.

Sie wurden in einen Raum komplimentiert, und ihnen wurde versichert, Herr Seegmeister würde sogleich zu ihnen kommen, er führe nur noch ein Gespräch, dafür hätten sie sicher Verständnis.

Lena sah sich um, betrachtete Koppers Jackett, sein Hemd und seine Hose, dann sich selbst. Sie passten farblich hervorragend hierher. Hellgrau, mittelgrau, dunkelgrau, beige, silbergrau, weiß. Die Wände waren abgehängt mit grau-weiß melierten Stoffbahnen, die Türen, die mehr Portale waren, trugen ein silbermetallic-schiefergraues Schachbrettmuster, der Teppichboden war hellgrau, die Modelle der Seegmeister Immobilien weiß in Plexiglasvitrinen. Lena konsultierte ihre Uhr. Seit zehn Minuten schlichen sie hier herum.

Kopper seufzte, die Hände hatte er in seinen Taschen vergraben. »Er ist eben viel beschäftigt.«

Damit schien er das Zauberwort gesprochen zu haben. Das Schachbrettportal öffnete sich, und noch bevor sie jemanden sehen konnten, hörten sie ein lautes: »So!«

Dann trat ein Mann schwungvoll durch das Portal, lächelte, was das Zeug hielt, und steuerte auf sie zu.

»Entschuldigung, Guten Tag.«

Ganz Gentleman, gab er zuerst Lena die Hand.

»Jan Seegmeister.«

Lena spürte eine warme, weiche und trockene Hand, nicht zu viel Druck.

»Odenthal«, erwiderte sie höflich.

Dann wandte sich Seegmeister Kopper zu, den er zwar freundlich, aber eher flüchtig begrüßte.

»Kopper«, knurrte Kopper.

Seegmeister brummte kurz zurück, dann wies er auf die Sitzgruppe in Edelstahl und schwarzem Leder.

»Äh, setzen Sie sich doch bitte. Was kann ich für Sie tun?«

Lena und Kopper traten heran, aber sie blieben stehen.

»Michelle Boyer, sagt Ihnen der Name etwas?«

Seegmeister zögerte nicht. »Ja.« Dann überlegte er eine halbe Sekunde. »Ja, es ist eine Mieterin, Nizza, Rue de Concy.«

»Eine Mieterin?«, fragte Lena. »Auf Ihrer Website steht doch: ausschließlich Verkauf!«

Jetzt fiel Lena der Unterschied zwischen ihnen und Seegmeister auf. Es war sein Gesicht. Es war genauso grau wie der Anzug, den er trug. Und sein leichter französischer Akzent fiel ihr auf, der nur ganz dezent hindurchschimmerte durch sein ansonsten perfektes Deutsch.

Alle Spritzigkeit schien Seegmeister verlassen zu haben. »Richtig. Aber hin und wieder machen wir da mal eine Ausnahme, wie in diesem Fall«, antwortete er müde.

»Darf ich fragen, warum gerade in diesem Fall?«

Seegmeister wurde misstrauisch, er wich aus. »Warum fragen Sie? Was ist mit Frau Boyer?«

»Sie wurde gestern Abend ermordet«, sagte Kopper.

Kopper ging mit der Brechstange ran. Das war in Ordnung. Wenn Seegmeister die Blumen an Michelle Boyer geschickt hatte, wenn er ihr Lover war, dann müsste er irgendeine Reaktion zeigen.

Seegmeisters Gesichtsfarbe wechselte von grau zu grün. Seine Lider flatterten einen Moment. Der letzte Rest Kraft wich aus seiner Stimme.

»Was?« Er schien innerlich zu taumeln.

Lena hakte nach. »Wann hatten Sie das letzte Mal Kontakt zu Frau Boyer, Herr Seegmeister?«

Seegmeister blieb die Antwort schuldig. Wie in

Trance ging er in Richtung Schachbrettportal, ignorierte Lena und Kopper vollständig.

»Herr Seegmeister?«, sagte Lena, aber sie konnte ihn nicht erreichen.

Kopper ging in Stellung. Seegmeister stand unter Schock, das war offensichtlich. Er wäre nicht der Erste gewesen, der bei der Erinnerung an seine Tat zusammenbrach oder zu fliehen versuchte.

Ein Flügel des Portals schwang auf, und wie aufs Stichwort steckte eine Frau den Kopf zur Tür herein, die offensichtlich bester Laune war. Allerdings war sie eine schlechte Schauspielerin, denn ihre Überraschung kaufte Lena ihr keine zwei Sekunden lang ab.

»Guten Tag. Entschuldigung, ich muss kurz stören.« Sie wandte sich Seegmeister zu. »Cornelani möchte morgen eine Entscheidung. Du musst heute noch mal das Exposé durchgehen, ja?«

Aber Seegmeister interessierte sich nicht für Cornelani.

»Michelle Boyer ist tot«, sagte er ohne Regung.

Die Frau glitt durch das Portal, hinein in den Raum.

»Ach? Unsere Rue de Concy?«

»Sie ist ermordet worden!«

Lena ging davon aus, dass es sich bei der aparten Frau um Conny Seegmeister handelte. Zumindest hatten ihre Recherchen ergeben, dass Seegmeister verheiratet war und seine Frau mit ihm das Geschäft führte, blond war und ebenso alt wie Seegmeister, der die Mitte der Vierziger eindeutig überschritten hatte.

Conny Seegmeister drehte ihren Kopf zu Lena.

»Das ist ja fürchterlich! Nizza wird auch immer

gefährlicher. Zu viele Russen! Wie ist denn das passiert?«

Lena wusste nicht, ob sie lachen oder wütend werden sollte. Diese Vorstellung war so durchsichtig wie die Vitrinen aus Plexiglas. Sie würde ein Monatsgehalt darauf wetten, dass Conny Seegmeister jedes Wort in diesem Raum mitgehört hatte.

Kopper griff ein. »Sie wurde hier in Ludwigshafen ermordet.«

»Sie war hier in Ludwigshafen?« Conny Seegmeister fokussierte ihren Mann. »Wusstest du das?«

»Nein«, antwortete Seegmeister gehorsam, denn in der Frage seiner Frau war seine Antwort bereits enthalten gewesen.

»Was wollte sie denn hier?«, fragte sie so harmlos wie eine Klapperschlange.

»Wir dachten, Sie können uns das vielleicht erklären?« Lena ging ein paar Schritte zur Seite, denn Conny Seegmeister hatte sich zwischen sie und ihren Mann geschoben.

»Hat sie dich nicht angerufen?« Der Vorwurf war deutlich zu hören.

»Nein«, antwortete Seegmeister, ein schwacher Versuch, sich zu verteidigen. Aber wogegen musste er sich verteidigen? Auf jeden Fall gegen seine Frau, die sich zwischen Lena und ihm postiert hatte, als wollte sie ihn abschirmen. Oder wollte sie ihn schützen?

»Mein Mann hat sie mal in Paris kennengelernt, vor über zehn Jahren.«

Lena versuchte, zu Jan Seegmeister Blickkontakt aufzunehmen. »Wann hatten Sie denn nun das letzte Mal Kontakt zu ihr?«

Aber Conny Seegmeister ließ nicht locker.

»In Paris, danach gab es nur noch Korrespondenz. Ich war dann vor Ort in Nizza. Die Übergabe und Betreuung der Objekte, das ist mein Ressort.«

Es war an der Zeit, klare Verhältnisse zu schaffen.

»Wir würden unsere Fragen ganz gerne erst einmal Ihrem Mann stellen. Dürfen wir?« Lena bohrte ihren Blick in die kalten Augen Conny Seegmeisters.

»Ja. Natürlich, selbstverständlich. Verzeihung.«

Conny Seegmeisters Stimme vereiste; Lena verstand, dass sie diese Frau nicht unterschätzen durfte.

»Wie war Ihr Name?«, schob sie nach, und Lena registrierte die Drohung, die darin lag.

»Lena Odenthal.«

Conny Seegmeister bedachte sie mit einem Raubtiergrinsen, dann wandte sie sich von Lena ab und lächelte ihren Mann honigsüß an.

»Denkst du an Cornelani?«

Lena fragte sich, wann diese Frau einen Krampf in den Gesichtsmuskeln bekommen würde.

Conny Seegmeister legte ihrem Mann kurz die Hand auf die Brust und klärte damit die Besitzverhältnisse: Dieser Mann gehört mir, mit Haut und Haaren.

Sie warf Lena noch einen zuckersüßen Blick zu und verabschiedete sich.

»Wiedersehen«, flötete sie, und Lena war sich selten so sicher gewesen, dass das auch eintreten würde.

Jetzt war der Weg frei, Lena baute sich vor Seegmeister auf.

»Wann haben Sie Michelle Boyer das letzte Mal gesehen?«

»In Paris. Hat meine Frau Ihnen doch gerade gesagt!«

Seegmeister schwieg einen Moment, dann fragte er: »Worauf wollen Sie eigentlich hinaus?«

»Auf den Blumenstrauß, den Sie ihr gestern ins Hotel geschickt haben.« Lena zog einen Plastikbeutel mit der Grußkarte aus Michelle Boyers Zimmer aus der Jackentasche und klatschte sie auf eine Vitrine. »Weil Sie's kaum noch erwarten konnten, sie wiederzusehen.«

Seegmeister begutachtete die Karte, zeigte aber keine Reaktion.

»Wenn das Ihre Schrift ist, können wir das nachweisen. Ebenso die Fingerabdrücke. Also?«

»Was unterstellen Sie mir hier?«

Erstaunlich, wie schnell der Mann den Schock überwunden hatte, er schien tatsächlich ärgerlich zu werden. Lena gab keinen Pfifferling auf seine Worte.

»Ich habe Ihnen gesagt, woher ich Frau Boyer kannte und wann ich sie zum letzten Mal gesehen habe.« Erneut betrachtete er die Zeilen. »Diese Karte ist nicht von mir! Das ist lächerlich. Und jetzt entschuldigen Sie mich bitte.«

Seegmeister wandte sich zum Schachbrettportal, aber Kopper war noch nicht fertig mit ihm.

»Eine kurze Frage noch: Sagt Ihnen der Name Michaela Bäuerle etwas?«

»Nein, nie gehört.« Seegmeister hielt sich an der Türklinke fest. »Und jetzt gehen Sie bitte!« Er öffnete auffordernd die Tür.

Lena und Kopper ließen ihn wortlos stehen, sie hatten im Moment tatsächlich keine Fragen mehr.

Mit Seegmeister stimmte etwas nicht, das konnte Lena auf zehn Kilometer Entfernung riechen. »Und jetzt gehen Sie bitte«, das hatte fast geklungen wie ein verzweifelter Hilferuf. Der Mann stand massiv unter Druck.

Sie verließen den Seegmeister-Palast, und Kopper fing gleich an zu nörgeln:

»Du gehst aber auch heftig ran!«

Dann musste sie Kopper halt eine Nachhilfestunde verpassen.

»Der hatte was mit ihr! Die Nummer, dass er sie das letzte Mal in Paris getroffen hat, die hat ihm das blonde Schrapnell diktiert! Da ist was gelaufen zwischen ihm und seiner Mieterin. Seine Frau hat's gewusst, und jetzt passt sie auf, dass er nicht unter Verdacht gerät. So kam's jedenfalls rüber.«

Lena stapfte wütend auf den Wagen zu. »Der Typ hat die Hosen voll, das war doch nicht zu übersehen. Aber seine Frau, die ist der absolute Kontrolletti. Hast du gesehen, wie die mich angeguckt hat? Die würde mich am liebsten vierteilen, das kannst du mir glauben.«

Aber Kopper ließ sich nicht beeindrucken. Er klemmte sich hinters Lenkrad und knurrte nur sein neues Lieblingswort: »Möglicherweise.«

***

Was für ein Irrtum zu glauben, es könne nicht schlimmer kommen. Als mir dieser schmierige Kommissar einfach so an den Kopf knallte, dass Michelle tot sei, da wollte ich nicht mehr leben. Ich hörte plötzlich nichts mehr, sah nur grauen Nebel und wusste, ich muss sofort diesen Raum verlassen. Michelle tot. Hatte Conny gespürt, dass ich Michelle genauso liebte wie sie? Hatte ich sie unterschätzt? War sie auf Nummer sicher gegangen? Hatte sie Michelle umgebracht? Und was hatte diese hemdsärmelige Amazone mit Dienstausweis noch gefaselt? Irgendetwas von Blumen, die ich Michelle geschickt haben sollte. So ein Unsinn. Auf jeden Fall war Conny genau im richtigen Moment dazugekommen. Sie hatte mir Zeit verschafft, damit ich mich fassen konnte, und sie gab mir zu verstehen, was ich zu sagen hatte. Ich hatte Michelle in Paris kennengelernt, das war wichtig, damit die Polizei die Querverbindungen nicht erkannte. Und ich hatte natürlich keine Affäre mit ihr gehabt. Das hätte ja ein Motiv ergeben. Das war das Motiv.

Conny stellte sich zwischen die Amazone und mich, aber die Staatsmacht kannte keine Gnade. Unbarmherzig drosch diese Frau auf mich ein. Zuletzt setzte ich sie vor die Tür. Eine Minute länger und ich hätte mich auf den Teppich übergeben müssen. Ich schaffte es noch bis zur Toilette; Conny hatte außer einem vernichtenden Blick nichts für mich übrig.

ACHT

Kopper gab Gas, lenkte den Wagen Richtung Präsidium, aber Lena fiel etwas Wichtiges ein. Sie musste Verpflegung für Mikesch besorgen und sich ein wenig um ihn kümmern, der arme Kerl war viel zu oft allein.

»Halt mal am Supermarkt. Wir müssen noch einkaufen.«

Kopper verdrehte die Augen, wendete und fand einen Parkplatz direkt am Eingang. Lena zückte ihr Handy, das trotz Vollbad im Kiefweiher nach wie vor funktionierte.

»Lena hier. Fax ein Foto von Seegmeister runter, die sollen sich mal umhören in Nizza. Sei so gut. Danke, Becker.«

Kopper nahm artig den Einkaufswagen, folgte Lena durch die Regalschluchten und lauschte ihr andächtig.

»Die Frage ist: Hat er sie in Paris als Michelle Boyer kennengelernt, oder kannte er sie schon in Ludwigshafen als Michaela Bäuerle? Wenn ja, was hat er mit ihrer Verwandlung in Michelle zu tun?«

»Vielleicht war es auch ihre Idee. Sie hatte Ludwigshafen dick und ist ab nach Paris.« Kopper räumte ein paar Packungen Spaghetti in den Wagen, Lena suchte etwas im gegenüberliegenden Regal, wurde aber nicht fündig.

»Ab nach Paris? Neues Leben, neue Freunde?« Sie suchte weiter. Tatsächlich. Das Grundnahrungsmittel ihrer Katze war nicht aufzufinden. Sie fragte einen jungen Mann, der Waren in die Regale räumte.

»Entschuldigung. Kalbfleisch-Thunfisch-Happen, wo sind die?«

»Oh, tut mir leid«, erwiderte er, »die sind heute ausverkauft. Die gibt es erst morgen wieder.«

Und jetzt? Mikesch konnte doch nicht irgendein x-beliebiges Futter bekommen.

Kopper nahm den Faden wieder auf. »Sie lernt Seegmeister in Paris kennen, fängt was mit ihm an. Er macht sie zu seiner Riviera-Geliebten und sponsert sie großzügig. Was auch ihre schnelle Karriere erklären würde.«

Er bedachte die Katzenfutterdosen mit Kennerblick.

»Geflügelhäppchen?«, schlug er vor.

Lena blieb keine Wahl. Wenn es keinen Thunfisch gab, dann waren Geflügelhäppchen genauso gut oder schlecht wie Lebergeschnetzeltes oder Rindermix. Sie wog die Dose in der Hand.

»Ich will wissen, ob es eine Verbindung Bäuerle–Seegmeister gab. Ich glaube, ich fahre noch mal zu ihren Eltern raus.«

Kopper winkte ab. »Ich fahre. Mach du Feierabend. Pack deine Geschenke aus, und wenn ich komme, dann koche ich uns noch eine Portion Gnocchi Genovese.«

Schwungvoll übernahm er den Einkaufswagen, der inzwischen gut gefüllt war mit allem Möglichen, dessen Geschmack und Verwendung nur er kannte.

»Gnocchi was?«, fragte Lena.

»Schmeckt dir!«, behauptete Kopper, und Lena

konnte sich dessen sicher sein. Sie kannte nur einen Menschen, der besser kochte als Kopper: seine italienische Mamma.

Lena fuhr Kopper zum Präsidium, kontrollierte kurz ihre E-Mails, wollte nur ganz schnell einen Anruf machen, aber Kopper nahm sie bei der Hand, führte sie wie eine Gefangene vor die Tür und schärfte dem Pförtner ein, sie nicht mehr in das Gebäude zu lassen, wenn ihm sein Leben lieb war. Kopper machte sich auf den Weg, drehte sich noch einmal um und zeigte auf Lena, ohne ein Wort zu sagen.

Lena hob ergeben die Hände. Aber was sollte sie jetzt tun? Nach Hause gehen? Am helllichten Tag? Warum nicht? Wann hatte sie das letzte Mal einfach so einen freien Nachmittag verbracht?

Einen Moment lang betrachtete sie die moderne Skulptur, die seit einiger Zeit hier stand. Sollte das zeigen, dass die Polizei kunstsinnig und kultiviert war, ein Teil der Gesellschaft, vor dem man keine Angst haben musste? Wovor hatte Nikolas Ritterling Angst? Oder Schlothfang? Wovor hatte Seegmeister Angst? Wovor hatte *sie* Angst? Ein Schauer lief ihr über den Rücken.

Die Straßenbahn rasselte vorbei, ausdruckslose Gesichter hinter den Scheiben, was war nur mit den Menschen los? Es war Sommer, die Sonne verwöhnte Ludwigshafen, es war nicht zu heiß, die Leute sollten sich verlieben und nachts Arm in Arm am Rhein sitzen und Pläne für die Zukunft schmieden. Und vor allem sollten sie sich dabei nicht Lena O. als Vorbild nehmen. Sie seufzte, glitt hinters Steuer und fuhr nach Hause.

***

Mikesch begrüßte sie mit einer Mischung aus Protest und Erleichterung. Die Häppchen mit Huhn bedachte er zuerst mit einem vernichtenden Blick, aber nachdem Lena ihm klargemacht hatte, dass es nichts anderes geben würde, ließ er es sich schmecken oder auch nicht, das konnte sie nicht wissen.

Während er sich den Bauch vollschlug, kümmerte sie sich um die geliehenen Kleider. Sie versuchte, nicht an Ritterling zu denken, aber das war hoffnungslos. Der Mann hatte zwölf Jahre im Gefängnis gesessen und wirkte, als wäre er nur auf Urlaub gewesen oder auf Montage, weit weg, aber nicht wirklich unangenehm. Dahinter musste ein starker Charakter stehen. Aber wie passte das mit dem Mord zusammen? Die meisten Menschen zerbrachen im Gefängnis, entweder laut oder still. Aber Ritterling wirkte wie ein Lausbub, der für einen etwas zu heftigen Streich Hausarrest bekommen hatte. Und gleichzeitig verbarg er etwas. Sie erinnerte sich an sein Lächeln und an seinen Glaubenssatz: »Das, was vor zwölf Jahren war, ist vorbei! Deckel drauf!«

Die Tote aus dem »Ludwigsgarten« tauchte vor ihrem inneren Auge auf, ihre Stimme. »Es ist dringend!«, hatte sie gesagt.

Lena legte Ritterlings Sachen zusammen, setzte sich an den Küchentisch, nahm einen Schluck Kaffee. Sofort sprang Mikesch auf ihren Schoß, schnurrte, als gäbe es dafür einen Preis, und forderte mit Erfolg Streicheleinheiten ein. Ritterling, immer wieder Ritterling. Lenas Gedanken sprangen zu Schlothfang, zu Seegmeister, zu seiner Frau und immer wieder zu Ritterling. Wo lag der Schlüssel zum Mordfall Bäuerle-Boyer?

Lena sprang fast vom Stuhl, Mikesch protestierte energisch, aber sie hatte eine Entscheidung getroffen.

***

Der Kiefweiher lag ruhig, die Sonne war bereits untergegangen, nur ein paar schwache Lichter säumten den Weg zur Anlegestelle von Nick Ritterlings Zuhause. Lena konnte ihn und den Mann mit dem Sonnenhut im Ruderhaus sehen, sie selbst aber blieb für die beiden unsichtbar, da sie im Schatten eines Baumes stand.

Die zwei spielten Schach, Ritterling nippte an einem Glas, nahm eine Figur und machte seinen Zug. Der Sonnenhut schien überrascht, aber auf keinen Fall überraschter als Lena, die es nicht für möglich gehalten hatte, dass dieser Kerl überhaupt wusste, was Schach ist, geschweige denn in der Lage war, eine Figur richtig zu ziehen. Sonnenhut kratzte sich am Kopf.

»Gibt's doch gar nicht«, rief er und versank in der Betrachtung des Schachbretts.

Lena trat aus dem Schatten, Ritterling reagierte sofort auf die Bewegung, zog sich hoch, spähte ins Dunkel und erkannte Lena, die seinen Blick nicht deuten konnte.

»Nicht klingeln«, sagte er lächelnd.

Lena überhörte die Stichelei. »Ich wollte Ihnen Ihre Sachen zurückbringen.«

Ritterling brummte nur, und Lena war sich sicher, dass er ihr kein Wort glaubte. Warum sollte er auch. Sie war Polizistin, sie ermittelte in einem Mordfall, er war ein verurteilter Mörder. Und genau deswegen war sie hier. Sie wollte den Menschen hinter dem verurteilten Mörder kennenlernen, weil sie nicht glaubte, dass Ritterling seine Frau umgebracht hatte.

Die meisten Menschen töteten nur ein Mal. Ein Mal kochte die Wut über, ein Mal gingen sie einen Schritt zu weit, ein einziger kurzer Moment, in dem der Verstand aussetzt und die volle Zerstörungskraft des Menschen freisetzt.

War das bei Ritterling geschehen? Nein, er war in ihren Augen unschuldig. Und doch sagte eine Stimme ganz tief in ihrem Hirn: Pass auf. Dieser Mann ist gefährlich!

»Störe ich gerade?« Lena meinte es ernst. Sie war nicht offiziell hier, sie hatte kein Recht, in sein Leben einzudringen.

Ritterling schüttelte den Kopf und wies auf den Sonnenhut. »Er ist schon matt. Er braucht bloß noch einen Moment, um es zu begreifen.«

Sie warteten einen Moment.

»Scheiße, ja«, lamentierte der Sonnenhut.

Er gestand seine Niederlage ein. Auch das hätte Lena nicht erwartet. Er blickte auf, sah sie, und schon war er wieder der, für den Lena ihn hielt.

»Oh, Weiber an Bord, bin schon weg.«

Er rappelte sich auf, balancierte elegant an der Klingelfalle vorbei und raunte ihr im Vorbeigehen zu: »Achtung, er ist völlig ausgehungert.«

Ritterling grinste. »Soll ich Ihnen mal zeigen, was ich in den letzten zwölf Jahren am meisten vermisst habe?«

Lena nickte, kletterte an Bord und hatte wenige

Augenblicke später ein Glas Wein in der Hand. Ritterling hob seines und brachte den passenden Trinkspruch aus:

»Auf ein gutes Leben.«

Dagegen war nichts einzuwenden, Lena nickte ihm zu, ihre Gläser schlugen leise klirrend gegeneinander, sie kostete und musste zugeben, dass dieser Wein ausgezeichnet schmeckte.

Ritterling zupfte ein Blatt Basilikum von dem kleinen Strauch, der neben dem Gasherd stand, zerrieb es zwischen den Fingern und stecke es dann in den Mund.

»Hunger?«, fragte er und wartete nicht auf die Antwort. Er schnitt von einem klotzartigen Fleischstück Würfel herunter und warf sie in eine Pfanne, in die er vorher ein paar Spritzer Öl gegeben hatte.

»Olivenöl aus Kreta. Erste Pressung, kalt. Meraner Speck. Drei Monate gereift, ein halbes Jahr getrocknet. Kriegt man nicht im Supermarkt.«

Der Speck brutzelte in der Pfanne, und der Geruch ließ Lena das Wasser im Mund zusammenlaufen. Ja, sie hatte Hunger; um genau zu sein, einen Mordskohldampf. Seit dem Frühstück hatte sie nichts mehr gegessen.

»In der JVA gab's einmal im Monat Insassenkochen«, erzählte Ritterling und brachte die Speckwürfel mit einem Holzlöffel in Bewegung. »Sehr begehrt, weil die Drogen über die Küche liefen.«

Ein altes Problem, das Lena nur zu gut kannte. Ritterling setzte wieder sein unechtes Lächeln auf.

»Aber ohne Genuss! Kantinenmengen mit Konfektionszutaten, ohne Aroma, ohne Konsistenz.«

Er hielt Lena sein Glas hin.

»Und ohne Wein!«

Sie tranken.

»Das deprimiert.« Er machte eine Pause. »Vor allem, wenn man sich schon mal einen Stern erkocht hat!«

»Ein Sternekoch? Hier in Ludwigshafen?« Davon hatte Lena noch nie etwas gehört.

»›Die Stiege‹ an der B 32, ein Stück runter nach Herrwegen!«

Die Speckstückchen waren inzwischen glasig, Ritterling schüttete aus einer Seihschüssel Bandnudeln in die Pfanne, die aussahen, als sei jede einzelne von Hand flach gewalzt worden. Ein geübter Griff zur Pfeffermühle, diesen Handgriff kannte Lena von Kopper, der zwar kein Sternekoch war, aber mindestens so gut kochte.

»Der zweite Stern war angesagt, aber da musste der Koch leider in den Knast!«

Beim letzten Satz verging Ritterling das Lächeln, sein Ton wurde bitter. Er bearbeitete die Nudeln, als seien die verantwortlich für sein Schicksal. Lena fühlte sich nicht wirklich wohl. Dieser Mann strahlte etwas aus, das sie verunsicherte. Sie schaute über die Schulter, die Kajütentür stand offen; gut.

»Ich habe in diesen letzten zwölf Jahren viele feuchte Träume gehabt, aber die intensivsten, die wildesten, die leidenschaftlichsten kreisten *darum*.«

Der Sternekoch-Mörder hielt Lena eine weiße Knolle hin, wie man einer Maus ein Stück Käse hinhält. Sie beugte sich vor, schnupperte daran, konnte aber außer einem etwas erdig-nussigen Geruch nichts

Aufregendes feststellen. Sie begab sich wieder in Fluchtposition.

»Trüffel!« Ritterling blickte fragend. »Weißer Piemonttrüffel. Davon habe ich geträumt. Das ist wirklich wahr.«

Er lachte verschmitzt. Wie ein kleiner Bub. Harmlos, unschuldig, ansteckend. Echt.

»Okay.« Lena entspannte sich ein wenig. »Ich stelle mir einen Mann auf einer Zellenpritsche vor, der laut stöhnend von einem weißen Trüffel träumt«, sagte sie lächelnd.

»Genau, das bin ich!« Er tat es wieder. Lachte, seine schwarzen Haare fielen ihm ins Gesicht, seine Augen strahlten, aber nur einen kleinen Moment.

Ritterling schwenkte die Pfanne, verfiel in Schweigen, Lena störte ihn nicht. Nach einer Weile schenkte er ihr Wein nach, dann konzentrierte er sich wieder auf den Herd, ließ den Trüffel über eine Reibe gleiten, feine Scheiben rieselten auf die Nudeln. Zufrieden betrachtete er sein Werk, wies auf den Tisch.

Lena setzte sich, er stellte ihr einen Teller hin, setzte sich ihr gegenüber und begann zu essen. Ohne Hast. Lena schob sich Nudeln in den Mund, kam sich vor wie eine Barbarin, weil sie das Essen förmlich verschlang, aber sie hatte Hunger, und es schmeckte wirklich phantastisch. Sie füllte gerade wieder eine Gabel voll Trüffel und Nudeln in den Mund, als Ritterling das Schweigen brach.

»Die besorgen einem ja wirklich alles: Drogen, Schnaps, Zigaretten, Pornos. Aber Trüffel? Wenn Sie damit einem Knastdealer kommen, kriegen Sie höchstens eine aufs Maul!«

Er fixierte Lena mit seinen braunen Augen, sie fühlte sich, als säße sie auf der Anklagebank.

»Und Sie?«, fragte er.

»Ich?« Sie wusste nicht, worauf er hinauswollte.

Sein Gesicht wurde ernst, Schatten zogen darüber hinweg.

»Was haben Sie in den letzten zwölf Jahren am meisten vermisst?« Es klang tatsächlich so, als würde er sich für sie interessieren.

»Das ist aber eine sehr persönliche Frage«, wich Lena aus.

Ritterling drehte den Korken der Weinflasche. Er hatte ihr erklärt, dass es sich um einen Brunello di Montalcino handelte, nicht zu verwechseln mit dem Vino Nobile di Montepulciano, der natürlich auch nicht schlecht sei, aber nicht an den Brunello heranreichte. Es waren lange Finger, die den Korken drehten, und der Handrücken dazu war schmal und feingliedrig, schien in der Tat besser fürs Kochen als fürs Morden geschaffen.

Ritterling lachte sanft. »Ich habe gerade meinen Trüffel mit Ihnen geteilt, das ist schon fast intim.«

Lenas Magen machte einen kleinen Satz. Dieser Mann hatte die Fähigkeit, sie aus dem Konzept zu bringen, legte seine Finger auf wunde Stellen. War das nur ein Bluff, oder lernte man im Gefängnis Menschen schnell zu durchschauen? Ritterling wollte, dass sie sich öffnete. Das missfiel ihr, aber was hatte sie zu verlieren?

»Okay …«, sagte sie und brach ab. Ihr fiel nichts ein.

»Ich, ich habe noch nie darüber nachgedacht«, stotterte sie dann und kam sich vor wie ein Teenie beim ersten Date. Aber das hier war kein Date, und sie war alles andere als ein Teenie.

»Also, nicht wirklich«, schloss sie schließlich und erwartete Ritterlings Spott.

»Vielleicht vermissen Sie ja nichts.«

Verdammt, was wollte Ritterling von ihr? Solche Gespräche führte man einfach nicht, wenn man sich nicht kannte. Ja, die Frage war gut, aber sie würde ihm die Antwort schuldig bleiben.

»Vielleicht hatte ich bisher keine Zeit dazu.« Sie versuchte ein Ritterling-Lächeln, aber es geriet mehr zu einem Lena-weiß-nicht-weiter-Lächeln. Flirtete Ritterling mit ihr?

Er setzte das Glas an, nahm einen Schluck und schien auf dem Wein herumzukauen. Seine Miene gefror, als er sich über den Tisch lehnte, und Lena wusste genau, was jetzt kam.

»Warum sind Sie hier?«

»Ich glaube nicht, dass Sie Ihre Frau ermordet haben«, sagte sie ohne Zögern. Gut. Sie war herunter vom Eis, die Stimmung war wieder so, wie es der Situation angemessen war; es ging um den Fall, sicheres Terrain ohne Fallstricke, Fußangeln und Gitter, die nach unten nachgaben. Ritterling schien nicht überrascht.

»Sie kannten meine Frau nicht, Lena. – Kommen Sie, wir setzen uns nach draußen.« Er deutete auf den Himmel. »Ich habe zwar keinen Mond zu bieten, aber ein Sitzkissen und absolute Ruhe.«

Er entkorkte eine weitere Flasche, lümmelte sich aufs Deck, wühlte sich in die Sitzkissen. Im Wasser tanzten die Lichter der Straßenlampen, die am gegenüberliegenden Ufer standen. Er nahm den Faden wieder auf.

»Kristin war schön. Aber ihr besonderer Reiz war …«, er zögerte einen Moment, »… sie war das nackte Verderben.«

Das konnte Lena einfach nicht nachvollziehen. Natürlich wusste sie, dass es das gab und wie man es psychologisch erklärte, dass Menschen einander hoffnungslos verfielen, Männern Frauen und umgekehrt. Aber sie konnte es nicht nachfühlen. Auch nicht bei dem Mann, der da vor ihr saß und einiges hatte, was Frauen mehr als nur anziehend fanden: Er war durch und durch männlich. Die raue Stimme, die Augen, die Schultern, breit, aber nicht klobig, und dann dieses verfluchte Lächeln, das Eisberge auftauen konnte.

»Ist das reizvoll?«

»Ja«, sagte Ritterling sofort. »Alle wollten sie. Zumindest hat sie mich mit allen betrogen! Bevorzugt mit befreundeten Ehemännern. Es gefiel ihr, Beziehungen kaputtzumachen. Freundschaften zu zerstören. Alle wussten es, alle sind ihr hinterhergerannt. Wie die Lemminge.«

Männer, dachte Lena. Männer und kein Ende, immer die gleiche Leier.

»Ich war der Oberlemming. Ich habe sie geheiratet. Ich habe gedacht, ich könnte sie ändern. Aber manche Menschen ändern sich nie.«

Ritterling leerte sein Glas in einem Zug, starrte einen Moment aufs Wasser und dann in Lenas Augen.

»Ich bin nicht unschuldig, Lena. Ich habe Kristin getötet.«

Lena lief es eiskalt über den Rücken. Alles in ihr

sträubte sich, das zu glauben. Sein Geständnis war so überzeugend, so ernsthaft, so abgeklärt, so wahr. Sie wusste, wann Menschen logen, ihre Fehlerquote war verschwindend gering. Aber bei Ritterling versagte ihre Intuition. Sie konnte einfach nicht sagen, ob er die Wahrheit sagte oder nicht.

»Als ich kapiert habe, wie sie mich benutzt hat, hab ich sie getötet. Und ich bereue es nicht. Ich habe dafür bezahlt – und jetzt ist es vorbei.«

Der letzte Rest romantischer Stimmung verflog. Was war ein Menschenleben wert? Zwölf Jahre Knast? Scheidung auf Deutsch?

»Ein neues Leben, neue Freunde, Vorwärtsdenken, ja?« Sie legte Bitterkeit in ihre Stimme, aber Ritterling ignorierte es.

»Ja. Genau.«

Sein Blick verlor sich wieder im schwarzen Wasser des Kiefweihers. Lena stellte ihr Glas ab, stand auf und ging ohne Gruß.

Auf der Fahrt nach Hause verdrängte sie alle Gedanken, befahl ihren Gefühlen, sich still zu verhalten. Seit Langem hatte sie sich nicht mehr so auf Mikesch gefreut, der ihr maunzend im Flur entgegenkam. Sie hob ihn hoch, sofort schnurrte er los, als gäbe es Thunfischhäppchen. Sie ging in die Küche, sah den gedeckten Tisch, und sofort wurde ihr heiß. Auf ihrem Teller lag ein Zettel:

»Die Gnocchi waren handgemacht und das Pesto auch!«

Lena ließ sich auf dem Stuhl nieder und seufzte.

»Sorry, Kopper.«

Ein Blick auf die Uhr machte ihr klar, dass sie nur noch vier Stunden schlafen konnte. Sie ergänzte den Zettel.

»Weck mich, Kopper, bitte.«

Sie legte sich ins Bett, und noch bevor sie an Ritterling denken konnte, war sie eingeschlafen.

***

In der Nacht, als die Kommissarin das erste Mal bei mir gewesen war, träumte ich nicht, denn ich konnte nicht eine Sekunde schlafen. Wie machte Conny das? Sie kam herein, legte sich neben mich, und eine Minute später war sie eingeschlafen.

Immer wieder schweiften meine Gedanken ab, geisterten ruhelos durch meinen Kopf, Bildfetzen versuchten sich zu Gemälden zu formieren, aber immer wenn das Werk fast vollendet war, löste es sich wieder auf. Neben mir atmete Conny, die meine Frau gewesen war, ganz ruhig und entspannt.

Ich konnte nicht liegen bleiben, schlich mich aus dem Bett, tastete mich zur Tür, öffnete sie lautlos und bewegte mich wie ein Einbrecher die Treppe hinunter. Meinen Not-Whiskey hatte Conny noch nicht entdeckt, und in dieser Nacht war es mir auch egal. Ich goss mir einen Doppelten ein, ließ ihn meine Zunge umspielen, die Wärme kroch sofort in meinen Bauch und dann in meinen Kopf. Aber die panischen Bilder hörten nicht auf. Wer hatte Michelle ermordet?

Ich leerte die Whiskeyflasche, ging ins Bad und putzte mir die Zähne, die Dämmerung setzte gerade ein. Lautlos schlich ich mich zurück ins Bett. Unfassbar. Con-

ny lag auf dem Rücken und schnarchte leise, was bewies, dass sie tief und fest schlief. Ich ließ mich in meine Kissen sinken und wünschte mir nichts sehnlicher, als für immer die Augen zu schließen, nie wieder aufzuwachen, nie wieder irgendetwas zu spüren.

NEUN

Kopper hatte so seine Art, beredt zu schweigen. Er hatte sie mit einer Tasse Kaffee und einer beleidigten Miene geweckt, aber Lena hatte noch zehn Minuten gebraucht, um zu sich zu kommen, und erst im Auto mit ihrer Beichte begonnen.

»Aha, bei Ritterling? Du warst noch mal bei Ritterling? Wieso das denn?«, fragte Kopper schließlich.

»Noch mal nachbohren.« Lena merkte den Wein und den Schlafentzug und war Kopper dankbar, dass er ihre Vorlage nicht für eine zotige Antwort missbrauchte.

»Und wieso bitte schön hat das so lange gedauert?«

Kopper bog auf den Parkplatz des Präsidiums ein.

»Er ist Sternekoch. Hat Trüffel gemacht. War gar nicht mal so schlecht.«

»Du hast mit ihm gegessen? Er hat Trüffel mit dir geteilt? Weißt du, dass das fast eine Liebeserklärung ist?«

Jetzt wusste Lena wenigstens, warum Kopper ihr bis heute noch keine Trüffel serviert hatte. Und Kopper war eifersüchtig. Wie nett. Er stampfte hinter ihr her, walzte in sein Büro.

Frau Keller fing Lena an der Tür ab.

»Morgen«, sagte Lena und stöhnte leise. Sie fühlte sich, als hätte sie drei Nächte durchgezecht. In ihrem Schreibtisch fand sie tatsächlich Aspirin, die zwar schon abgelaufen waren, aber das war ihr jetzt egal. Sie schluckte zwei trocken.

»Morgen«, sagte Frau Keller und legte los. »Der Herr Schlothfang hat angerufen.«

»Und?«

»Er wollte bloß wissen, ob's was Neues gibt. Er ruft dann später noch mal an.«

»Okay.«

»Gnocchi Genovese und Frau Odenthal speist auswärts Trüffel«, murrte Kopper aus seinem Büro. »Toll! Nachbohren!« Er lief langsam rot an. Manchmal brauchte seine Wut etwas länger. »Was denn nachbohren? Glaubst du etwa immer noch, dass Ritterling unschuldig ist?«

Becker kam rein, wollte schon seinen Senf dazugeben, überlegte es sich dann aber anders und grinste müde. »Nachrichten aus Frankreich. Euer Freund Seegmeister war vor vier Wochen unten in Nizza! Hotel Chantilly, da ist er seit zwei Jahren Stammgast. Alle zwei Monate.«

»Das beweist aber noch nicht, dass er mit ihr zusammen war. Vielen Dank, Becker«, erwiderte Lena.

Dazu sagte Becker nichts, aber er freute sich sichtbar über Lenas Lob und zog wieder ab.

Kopper verschanzte sich hinter seinem Schreibtisch.

»Was haben denn ihre Eltern gesagt? Du warst doch gestern Abend bei den Bäuerles?«, fragte Lena schließlich.

»Ja, die waren leider nicht da. Aber ich weiß jetzt, warum ›die Michi‹ abgehauen ist.«

Lena wartete, aber Kopper gab die Mimose, war immer noch sauer. Das konnte sie natürlich verstehen; andererseits sahen sie sich praktisch jeden Tag und so gut wie jeden Abend, da kam es doch auf einen Abend nicht an. Aber offenbar hatte er das zumindest gestern anders gesehen.

»Tut mir echt leid, Kopper. Ich hätte wenigstens anrufen können«, sagte sie und meinte es auch so.

Kopper hörte auf, demonstrativ mit Papier zu rascheln, und sah auf.

»Also, ich habe geklingelt, aber keiner hat aufgemacht. Eine Nachbarin hat mir dann erzählt, warum sie nicht da waren und was vor zwölf Jahren passiert ist.«

Lena verschränkte die Arme vor der Brust und blickte Kopper aufmerksam an.

»Sie hatte einen Zusammenbruch, und er ist wahrscheinlich bei ihr in der Klinik, deswegen waren sie nicht da. Also. Michaela war aus Ruths erster Ehe mit Roland Hansen. Roland Hansen ist vom Kran gestürzt, als Michaela zehn war. Zwei Jahre später hat Ruth Hansen dann Günther Bäuerle kennengelernt, ihn geheiratet und seinen Namen angenommen.«

»Das heißt, Bäuerle ist gar nicht der leibliche Vater von Michaela«, folgerte Lena überflüssigerweise, und Kopper applaudierte.

»Na, die Trüffel haben ja anscheinend nicht geschadet. Auf jeden Fall hat das von Anfang nicht funktioniert. Michaela ist überhaupt nicht mit Günther Bäuerle zurechtgekommen. Mit siebzehn ist sie von zu Hause ausgezogen, in eine kleine Wohnung in Herbatingen. Tja, die wollte wohl nur weg von ihrem Stiefvater.«

»Da muss doch irgendwas zwischen den beiden vorgefallen sein?«, fragte Lena.

»Nichts Strafbares jedenfalls. Die Nachbarin meint, Michaela konnte einfach den Tod ihres Vaters nicht verkraften. Sie wollte nicht, dass ihre Mutter jemand anderen liebt. Angeblich hat Michaela ihre Mutter vor die Wahl gestellt: ›Mama, entweder du trennst dich vom Günther, oder du siehst mich nie wieder!‹ Michaela ist wegen Günther Bäuerle verschwunden. Sie muss den Mann wirklich gehasst haben.«

Lena seufzte. »In welchem Krankenhaus liegt Ruth Bäuerle?«

***

Die Ärztin nickte. »Sie können mit ihr sprechen. Sie ist stabil, wir haben sie medikamentös eingestellt. Ich lasse sie holen.«

Lena mochte Krankenhäuser nicht. Wie oft war sie mit ihrer Mutter hier gewesen, wenn es Vater nicht gut gegangen war. Wie oft hatte sie weinen wollen, aber Vater mochte das nicht sehen. »Das macht mich nur kränker, als ich eh schon bin«, hatte er immer gesagt und dabei gelacht, und Lena hatte sich das Weinen verbissen, weil sie ihren Vater geliebt hatte und ihn nicht noch kränker machen wollte.

Ruth Bäuerle wurde von einem Pfleger in den lichten hellen Flur geschoben, der an einen parkähnlichen Innenhof grenzte, in dem Menschen mit rollenden Infusionsständern, Rollatoren und besorgt dreinblickenden Angehörigen umherwanderten. Lena wünschte sich, zu sterben wie Anneliese Grober, eine Großcousine von ihr: Mit sechsundachtzig Jahren hatte sie noch Holz für den Kamin gehackt, dann hatte sie sich ins

Bett gelegt, war eingeschlafen und nicht mehr aufgewacht.

Ruth Bäuerle trug einen weißen Morgenmantel, ihre Füße steckten in Frotteeschlappen, die Hände hatte sie im Schoß zusammengelegt. Kopper brachte sie auf den neuesten Stand und fragte nach dem Verhältnis zwischen ihrem zweiten Mann und ihrer Tochter.

Ruth Bäuerle zuckte nicht mit der Wimper. Ihre Medikamente mussten hervorragend wirken, dachte Lena.

»Michi hat ihm keine Chance gegeben. Keine! Da war nichts zu machen! Sie war wie verbohrt in einem Hass, für den es keinen Grund gab.«

Ruth Bäuerle erzählte, als säßen sie am Kaminfeuer und schwelgten in Erinnerungen.

»Günther wollte Michaela doch nur ein guter Vater sein, das wollte er von ganzem Herzen! Wir haben es sogar mit Familientherapie versucht, aber sie hat sich völlig verweigert. Ich habe immer gedacht, das wird sich geben eines Tages, wenn sie erwachsen ist und sieht, was der Günther für ein Mensch ist.«

Ihr Blick verlor sich in der Ferne, Erinnerungen drängten ins Bewusstsein, ihre Stimme veränderte sich, wurde kindlich.

»›Mama, schick ihn weg, sonst siehst du mich nie wieder!‹ Wie kann sie so was sagen? Ich habe gesagt: ›Du spinnst, ich liebe ihn!‹ Wir haben uns gestritten. Danach habe ich meine Tochter nie wiedergesehen.«

Wie eine Kerze, die niedergebrannt ist, verlosch der Glanz in ihren Augen, sie schaute zwischen Kopper und Lena hin und her.

»Ermordet, ja?«

Der Schutzwall der Medikamente bügelte ihre Seele glatt, blockierte Trauer, Leid und Wut. Lena wusste, was passieren würde, wenn, besser falls die Tabletten abgesetzt wurden. Sie würde vor ohnmächtiger Trauer wahnsinnig werden.

»Warum denn?«, fragte Ruth Bäuerle wie ein kleines Kind, dem man ein Spielzeug weggenommen hatte.

Lena antwortete wahrheitsgemäß. »Das wissen wir noch nicht. Wir wissen nur, dass ihr Tod mit damals zu tun hat. Mit dem Frühsommer 97.«

»Sagt Ihnen der Name Jan Seegmeister etwas?«, fragte Kopper.

»Seegmeister?« Ruth Bäuerle dachte kurz nach. »Nein.«

»Hat Michaela mal was erzählt oder angedeutet von einer Beziehung zu einem älteren Mann?« Sie mussten die Gunst der Stunde nutzen, dachte Lena.

Ruth Bäuerle schüttelte amüsiert den Kopf. »Sie hatte ja jahrelang diesen Sunny, der war gleichaltrig, den hat sie oft mitgebracht«, sagte sie fröhlich.

»Sunny?«, fragte Kopper nach.

»Sebastian Sixtus, ›DJ Sunny‹. War nicht gerade Schwiegermutters Liebling, aber …«

Günther Bäuerle kam mit einem Strauß Blumen den Flur entlang, seine Frau schien ihn zu spüren, sie drehte sich im Rollstuhl nach hinten.

»Günther«, rief sie, und Lena erkannte, dass sie ihren Mann noch immer innig liebte. Dessen Gesicht aber war verhärmt und grau, er grüßte Lena und Kopper wie Hausierer an der Tür, dann küsste er seine Frau auf den Mund und reichte ihr die Blumen.

»Es geht mir wieder besser.« Sie strahlte über das ganze Gesicht. »Morgen komm ich wieder nach Hause.«

Jetzt lächelte auch Günther Bäuerle, und seine Frau berichtete ihm von den Neuigkeiten, die sie von Kopper und Lena erfahren hatte.

»Sie war die ganze Zeit in Frankreich, sagt die Polizei. In Nizza!«

Doch der Moment währte nur kurz. Günther Bäuerle wiederholte das Wort, bekam es aber fast nicht durch die zusammengepressten Zähne hindurch.

»Nizza.«

Eine Sekunde lang schwebte das Wort, dann fiel es zu Boden, und die Bäuerles schwiegen.

Sie verließen die beiden; Kopper hatte sofort eine Theorie in Kurzform zur Hand.

»Der hat die angetatscht.«

»Das ist Quatsch!«, erwiderte Lena. »Wenn es den kleinsten Anhaltspunkt für Missbrauch durch den Stiefvater gegeben hätte, dann hätte es bei der Familientherapie geklingelt!«

»Oder auch nicht!«, sagte Kopper stur, schwenkte aber sofort um. »Lass uns diesen DJ Sunny auftreiben!«

Das mochte Lena an Kopper. Er fing keine endlosen Diskussionen an, sondern akzeptierte die Situation und machte einen Vorschlag. Natürlich hatte er recht. Nicht jeder Missbrauch kam bei einer Familientherapie ans Licht. Aber viele. Deswegen sträubte sich so mancher Vater, Onkel und Opa dagegen – und viele Mütter, die Zeuginnen der Verbrechen wurden, aber hilflos zusahen und sich mitschuldig machten. Sie stellte sich vor, was bei den Seegmeisters in einer Paartherapie herauskommen würde. Wenn das stimmte, was sie annahm, dann konnte sie die beiden mit einfachen Mitteln aus der Reserve locken.

»Machst du das?«

Kopper nickte.

»Ich gehe jetzt eine Runde pokern.«

***

Endlich war Conny weg. Sie musste Kunden betreuen, das ließ sie sich nicht nehmen. Sicherlich war sie davon überzeugt, dass sie mich genug eingeschüchtert hatte, mich endgültig zu einem willenlosen Haustier degeneriert hatte mit dem Rückgrat einer Molluske. Irrtum! Mit einer Flasche exquisiten Rotweins bewaffnet, öffnete ich die Akte, die Conny über Michelle zusammengetragen hatte. Ein halbes Jahr lang hatte der Detektiv sie bespitzelt. Fotos hatte der widerliche Kerl gemacht: von mir und Michelle, in eindeutiger Pose am Pool in Nizza; Fotos von Michelle und einem anderen Mann, ebenfalls in eindeutiger Pose, ebenfalls am Pool abgelichtet. Derselbe Pool. Rue de Concy.

Wieder stieg Übelkeit meine Kehle hoch. Ich schmeckte die Säure, aber ich schluckte sie hinunter, blätterte weiter. Michelle hatte tatsächlich Menschen an der Nase herumgeführt. Und mit Sicherheit die falschen. Sie hatte hier in Ludwigshafen, noch bevor ich sie kennengelernt hatte, Scheingeschäfte eingefädelt, war mit den Kunden ins Bett gegangen und hatte ihnen gedroht, ihre Ehe platzen zu lassen, wenn sie auf der Erfüllung der

Geschäfte bestanden; das Dossier listete ein halbes Dutzend Männer auf, die alle ein Motiv gehabt hätten, Michelle umzubringen.

Ich ging die Namen durch. Schau an, wen haben wir denn da? Der stellvertretende Vorsitzende der Regionalbank Südwest. Ein paar Ärzte, zwei Unternehmer, denen ich Häuser im Ausland verkauft hatte, und drei Geistliche, zwei katholische, ein evangelischer. Ob die Anzahl etwas mit dem Zölibat zu tun hatte? Waren Priester geiler als Pfarrer? Ich musste lachen, schenkte mir Wein nach und empfand es als wohltuend, schlecht über andere Leute zu denken. Einen Namen kannte ich nicht; ich googelte ihn, und da wurde mir klar, mit welch hohem Einsatz meine Göttin, meine Michelle, gespielt hatte: Koval Jakowicz. Russenmafia aus Mannheim. Wenn sie versucht hatte, den zu verarschen, dann war es ein Wunder, dass er sie nicht gefunden hatte. Jakowicz! Nicht zu glauben.

Ich blätterte weiter. Ihre kleine Finte, die mir damals den Hals gerettet hatte, hatte ihr wahrscheinlich auch das Leben gerettet. Nachdem ich sie in Nizza untergebracht hatte, war sie quasi ehrbar geworden, sie hatte ihre Betrügereien aufgegeben, mit dem Unterschied, dass sie mich reihenweise hintergangen hatte. Ich hatte mindestens ein genauso gutes Motiv, meine Göttin in den Hades zu stoßen, wie Conny und die ganzen anderen Lemminge, die ihr hinterhergerannt waren. Hatte Nikolas das nicht mal gesagt, als er so um die zwei Promille hatte: »Ihr seid alles Lemminge. Ihr seid alle todgeweiht.« An dem Abend war er allein in der »Stiege«, wir feierten Männerumtrunk, er war auf den Tisch gestiegen und hatte angefangen, Lieder zu schmettern. Nur gut, dass sein Talent, Carpaccio zuzubereiten, deutlich besser entwickelt war als sein musikalisches. Nach dem dritten Lied kippte er um, und nur mit vereinten Kräften konnten wir ernsthaften Schaden verhindern. Wir schleppten ihn aufs Klo, wo er sich gründlich entleerte, und sobald er wieder reden konnte, brabbelte er den einen Satz vor sich hin: »Lemminge, wir sind alle Lemminge.« Ich hielt ihn damals einfach nur für betrunken, aber heute weiß ich, was er gemeint hatte. Die Lemminge zerstören sich selbst, springen über die Klippe, rennen blindlings drauflos, so sagt man. Dass das erfunden ist, spielt keine Rolle. Ich denke, wir waren wie junge Hunde, balgten uns um denselben Knochen, obwohl es genug Knochen gegeben hätte.

Ich lehnte mich zurück und bewunderte die rubinrote Flüssigkeit in meinem Glas. Wie Blut schimmerte der Wein.

ZEHN

Seegmeisters Glaspalast lag gleißend in der Sonne. Lena würde von dieser glänzenden Fassade ein paar Platten abreißen, um sich die Risse dahinter anzuschauen. Die Frau am Empfang war dieselbe wie am Tag zuvor und bemühte sich um gleichgültige Freundlichkeit.

»Ich möchte Herrn Seegmeister sprechen.«

»Das tut mir leid«, sagte die Empfangsdame, »das geht nicht.« Sie setzte eine gewichtige Miene auf. »Herr Seegmeister ist in einem Meeting, und er möchte auf gar keinen Fall gestört werden.« Sie lächelte überlegen.

»Ich warte zehn Minuten. Ansonsten lasse ich ihn vorladen.« Lena ließ keinen Zweifel daran, dass sie genau das tun würde.

Nach sieben Minuten bat Jan Seegmeister sie in sein Büro, das so grau war wie alles, was sich Seegmeister nannte, außer Conny Seegmeister, die nach außen blond und pastellfarben war, innerlich aber durch und durch stahlhart. Lena war überzeugt davon, dass die Seegmeister auch diesen Raum abhörte, und zwar mit Einverständnis ihres Mannes. Und genau darauf beruhte ihr Plan.

»Muss ja wirklich wichtig sein. Inzwischen dürften Sie wohl festgestellt haben, dass die Blumengrüße nicht von mir waren.«

Seegmeister blieb stehen, bot ihr keine Sitzgelegenheit an, und Lena konnte auch gut darauf verzichten.

»Wir haben auch festgestellt, dass Sie in Nizza waren. Regelmäßig in den letzten zwölf Jahren. Zuletzt vor vier Wochen.«

Die erste Karte lag auf dem Tisch, noch nicht genug, um einen der Seegmeisters zum Aufdecken zu zwingen, aber ein Anfang.

Der Mann vor ihr reagierte wie in Trance. Langsamer Augenaufschlag, ein kurzer Moment des Zögerns, bevor er einen Satz begann, so als müsste er erst einmal in seinen Notizen nachblättern.

»Wir haben jede Menge Objekte an der Côte d'Azur. Appartements, Villen, Grundstücke. Allesamt sehr betreuungsintensiv.«

Lena griff sofort nach dem losen Ende, das Seegmeister ihr hinhielt.

»Betreuung der Objekte? Fällt das nicht in den Aufgabenbereich Ihrer Frau?«

Wieder dieses Flattern der Augenlider. Er bereitete sich auf eine weitere Lüge vor. So funktionierte Poker: Lies das Gesicht deines Gegners, und du hast gewonnen.

»In diesem Segment hat die Kundschaft einen hohen Beratungsanspruch. Bis ein Verkauf abgewickelt ist, vergeht viel Zeit. Die Betreuung der Kunden ist mein Job. Ich bin oft in Nizza, ja. Ich bin auch oft in Hamburg, Miami oder Paris. Heißt das, dass ich mit jeder attraktiven Bewohnerin unserer Objekte vor Ort schlafe?«

Lena verzichtete auf eine Antwort, grinste ihn nur an, und Seegmeister reagierte, wie sie es erwartet hatte.

»Warum wollen Sie mir eigentlich was mit dieser Frau andichten? Glauben Sie, ich habe etwas mit ihrem Tod zu tun?«

»Das würde erklären, warum Sie das Verhältnis so hartnäckig leugnen.«

Das war zweifellos ein Ass, und Seegmeister erkannte es sofort.

»Herrgott, es gab kein Verhältnis!«

»Das ist eine Lüge, Herr Seegmeister. Wir haben Zeugen, die Sie mit Michelle Boyer bei Ihrer Villa in der Rue de Concy gesehen haben.« Lena bluffte mit Genuss.

»Was für Zeugen?«

Seegmeister glaubte ihr nicht, wollte ihr nicht glauben, er würde auch noch leugnen, wenn man ihm die Zehennägel ausriss. Aber er würde sofort einknicken, wenn sein Herr und Meister es befehlen würde.

»Was für Zeugen?«, wiederholte Seegmeister, für seine Verhältnisse in aggressivem Ton.

Das Telefon auf seinem Schreibtisch meldete sich. Bingo. Lena wusste, sie hatte gewonnen.

»Entschuldigung«, sagte Seegmeister, fischte das Telefon von der Ladestation und wandte sich ab.

»Ja?«

Lena musste sich das Lachen verbeißen. Wie gut, dass die meisten Menschen so leicht zu durchschauen waren. Die meisten. Mit einer Ausnahme von dieser Regel hatte sie Trüffel gegessen. Seltsam. Sie erinnerte sich gerne an den Abend. Seegmeister unterbrach ihre Erinnerung.

»Ja, danke.« Er legte das Telefon zurück, als sei es vergiftet, setzte sich in seinen Chefsessel, faltete die Hände und schaute Lena mit einem Hundeblick an, der das nahende Geständnis einleitete.

»Hören Sie, ich habe nichts mit ihrem Tod zu tun, das ist die Wahrheit!«

Das glaubte Lena sogar, vorerst, aber sie wollte etwas anderes hören.

»Sie hatten ein Verhältnis mit ihr. Wo fing das an?«

Ihr einsames Ass hatte genügt, Conny Seegmeister in die Knie zu zwingen.

»›George Cinque‹. Es war im ›George Cinque‹. Sie saß an der Bar, wir kamen ins Gespräch.«

Wie das eben so geht, dachte Lena. Sie riss sich zusammen, um nicht wütend zu werden.

»Sie kamen ins Gespräch. Auf Französisch?« Sie musste seine Erinnerungen am Laufen halten.

»Nein, auf Deutsch. Sie konnte sehr gut Deutsch. Sie sagte, dass sie was an der Küste suche. Ich hab ihr angeboten, sie am nächsten Tag mitzunehmen und ihr was zu zeigen. So fing das an!«

Wie musste sich Conny Seegmeister fühlen? Hatte sie es von Anfang an gewusst, oder hatte ihr Mann mit zitternden Knien und Tränen in den Augen gebeichtet, als sie die Todesnachricht von Michelle Boyer überbracht hatten? Was hielt diese Menschen bloß zusammen?

»Wie sah sie aus?«

»Bitte?«

»Beschreiben Sie mir die Frau, die Sie im Mai 1997 in der Hotelbar getroffen haben.«

Seegmeister lehnte sich im Sessel zurück, das teure Leder knarzte. »Blond, schlank, braune Augen.«

»Sie haben nie eine dunkelhaarige Michaela Bäuerle aus Ludwigshafen gekannt?«

»Nein!«

Wieder dieser quengelnde Ton. Lena spürte Übelkeit aufsteigen, aber das war ihr schon oft passiert, wenn sie solche Kandidaten wie Seegmeister ausgequetscht hatte.

»Sie haben sich zwölf Jahre lang eine Geliebte in Südfrankreich gehalten?«

»Wenn Sie's so formulieren wollen?«

»Und Ihre Frau? Wusste sie davon?«

»Ja, von Anfang an. Sie ist sehr tolerant in dieser Hinsicht. Meine Beziehung in Südfrankreich hatte ja nichts mit unserem Leben hier in Ludwigshafen zu tun!«

»Ja, so kann man das auch sehen.« Seegmeister hatte also mit offenen Karten gespielt – wenn es denn wirklich so gewesen war; Lena hatte daran ihre Zweifel. »Wann haben Sie Michelle Boyer das letzte Mal gesehen?«

»Vor vier Wochen, in Nizza!« Seegmeister schrie es fast, wollte damit beweisen, dass er mit ihrem Tod nichts zu tun hatte. Er senkte seine Stimme sofort wieder, schlug die Hände vors Gesicht und stöhnte. »Ich hatte ja keine Ahnung, dass sie nach Ludwigshafen kommt.«

»Ich muss Sie trotzdem fragen: Wo waren Sie vorgestern Abend zwischen halb neun und halb elf?«

»Zu Hause. Bei meiner Frau.«

***

Diese Polizistin ließ einfach nicht locker. Was sollte das? Ich hatte mit meinem Anwalt gesprochen, und der hatte mir gesagt, dass ich nicht mit ihr reden müsse und dass man eine Vorladung verzogern könne, ob er etwas unternehmen solle. Aber ich hatte abgewunken. Zu viel stand auf dem Spiel, und mit dieser Provinzdetektivin würden wir schon fertig werden. Conny hatte das Gespräch mitgehört und mir an der entscheidenden Stelle die richtige Regieanweisung gegeben. Ich musste meine Affäre mit Michelle zugeben, um abzulenken. Wichtig war, dass ich sie in Paris kennengelernt haben musste. Und ein Alibi brauchte ich. Und Conny auch. Kein Problem. Wir hatten alles abgesprochen. Wir waren an dem Abend zusammen zu Hause gewesen. Damit musste die Sache doch erledigt sein. Es sollte endlich wieder Ruhe einkehren. Ich war kurz davor, die Nerven zu verlieren. Mein Gott, ja, ich hatte Fehler gemacht. Aber ich war bereit, dafür Buße zu tun. Was ging das die Polizei an? Ich wollte einfach wieder ruhig schlafen können, wollte ernsthaft versuchen, Conny ein treuer Ehemann zu sein.

Ich machte lange Spaziergänge am Rhein, trank mittags Flaschenbier an einem Kiosk, hinter dem sich ein berufsfröhlicher Ex-DJ die Zeit bis zur Rente vertrieb. Michelle fehlte mir. Sie war mir nicht treu gewesen, das wusste ich jetzt, aber das spielte keine Rolle. Wenn sie bei mir gewesen war, war sie nur für mich da gewesen. Sie hatte mich betrogen, so wie ich Conny betrogen hatte. Ich zog Bilanz. Ich hatte zwölf richtig gute Jahre gehabt. Eine boomende Firma, eine starke Frau, eine leidenschaftliche Geliebte, ich war durch die Welt gereist, und wenn ich Lust gehabt hatte, etwas zu kaufen, dann hatte ich es mir gekauft. Ich fuhr ein tolles Auto, wohnte in einer luxuriösen Villa, besaß ein Geschäftshaus in der besten Lage Ludwigshafens. Hatte besessen. Jetzt gehörte alles Conny. Hatte ich das wirklich unterschrieben? Hatte ich mich selbst enteignet? So war es. Ich besaß nichts mehr, nicht einmal mehr eine Frau. Jede Nacht musste ich neben Conny schlafen, die für mein Unglück verantwortlich war. Sie hatte mir aus Rache alles genommen. Ich hätte Conny umbringen müssen, aber das ging nicht. Ich konnte ja noch nicht einmal eine Spinne erschlagen. Und bei meinem Glück wäre ich einen Tag danach verhaftet worden. Ich musste versuchen, sie zurückzugewinnen.

Als wir an dem Abend im Bett lagen, startete ich einen Versuch, der kläglich scheiterte. »Zu spät«, sagte sie nur. »Du hast zwölf Jahre Zeit gehabt, alles wiedergutzumachen. Jetzt ist es zu spät. Schlaf jetzt.« Sie drehte sich auf die Seite, löschte das Licht und schlief ein.

Mein Gott! Sie war ein gefühlloses Ungeheuer. Warum musste sie mich so quälen? Ich konnte meine Tränen nicht halten, ich weinte die ganze Nacht, auch noch, als Conny aufstand, mich mitleidlos ansah und sagte, sie würde jetzt zur Arbeit gehen, denn irgendjemand müsse sich ja um die Firma kümmern, irgendjemand müsse ja Verantwortung zeigen, etwas, von dem ich keine Ahnung hätte.

ELF

Lena verzichtete auf eine Befragung von Conny Seegmeister. Wenn sie ihren Mann deckte, würde sie spätestens dann einknicken, wenn Beweise gegen ihn vorlagen. Außerdem glaubte Lena nicht, dass Seegmeister Michelle/Michaela erschossen hatte. Die Tat war kaltblütig durchgeführt worden, und Seegmeister war ein Feigling, der höchstens im Affekt gehandelt und sich mit Sicherheit nicht erst mal eine Waffe besorgt hätte. Und das Motiv. Warum hätte er es tun sollen?

Lena fuhr zurück ins Präsidium, hängte das Bild von Seegmeister neben Michelle Boyer, jetzt konnte sie die Beziehung zuordnen. Sie musste an Günther Bäuerle denken. Der Mann hatte etwas an sich, das Lena nicht greifen konnte.

Kopper kam rein, Lena hielt sich nicht mit Begrüßungsritualen auf.

»Seegmeister ist eingeknickt. Er hatte seit zwölf Jahren ein Verhältnis mit ihr.«

»Und? Alibi?«

»Seine Frau. Er bleibt bei der Paris-Geschichte, weiß angeblich nichts von Michaela Bäuerle.«

»DJ Sunny sagt, Michaela Bäuerle war eine Sofanudel. Den Paris-Trip kann er sich nicht vorstellen. Und dass ihr Stiefvater sie missbraucht hat, das hält er für ausgeschlossen. Stell dir vor, die beiden, also Sunny und Michaela, waren zusammen im Pornokino, haben dann zu Hause alles nachgespielt und aufgenommen.

Die Grußkarte an den Blumen hat er auch nicht geschrieben.«

Kopper hängte die Plastiktüte mit der Karte darin unter Seegmeisters Foto und studierte sie noch mal.

»Es könnte ja auch eine Drohung sein.«

»Hm?« Lena verstand nicht.

»›Ich kann es kaum erwarten, dich wiederzusehen. S.‹«, zitierte Kopper und betonte den Satz so, dass er tatsächlich gefährlich klang.

»Es könnte auch eine Drohung sein«, wiederholte er.

Kein schlechter Gedanke. Lena wollte Kopper gerade loben, als ihr Handy murrte. Eine unbekannte Nummer.

»Odenthal?«

»Schlothfang hier. Ich wollte mal wissen, ob es was Neues gibt, wegen damals.«

Jetzt erst, am Telefon, fiel Lena wieder sein Singsang auf. Er hob die letzten Worte eines Satzes an, vielleicht in der Hoffnung, dass sie dadurch mehr Bedeutung bekamen.

»Ist ja nett, Herr Schlothfang.« Sie blinzelte Kopper zu.

»Na ja, war ja schließlich mein Fall, nicht?«

Wissen wir, dachte Lena und ergriff die Chance, ihm ein wenig auf den Zahn zu fühlen.

»Seegmeister«, sagte sie und nahm sein Bild von der Wand. »Erinnern Sie sich an diesen Namen? Im Zusammenhang mit damals? Jan Seegmeister?«

»Seegmeister?« Die beiden letzten Buchstaben klangen wie ein A. »Ja.« Fragend. »Ja, natürlich.«

Lena lauschte gespannt.

»Ja, er war ein Zeuge. Ein Belastungszeuge.« Das »e« am Ende klang wie ein »ä«.

»Ein Zeuge im Fall Ritterling?«, fragte sie erstaunt nach. Warum wusste sie nichts davon?

»Ja, wieso? Was ist denn mit Seegmeister?«

»Herr Schlothfang …« Lena brach ab. Keinesfalls würde sie Informationen über einen laufenden Fall weitergeben. Schon gar nicht an Schlothfang.

»Ja, klar. Ich bin ja nicht mehr beim Verein«, sagte er, und die Enttäuschung war ihm deutlich anzuhören.

»Sie haben uns sehr geholfen. Sowie ich irgendetwas sagen kann, melde ich mich bei Ihnen, okay?«

»Ja, ist gut. Ja.«

»Wiederhören.« Lena unterbrach die Verbindung, fühlte wieder, dass auch bei Schlothfang etwas schieflag. Seegmeister war Zeuge im Fall Ritterling gewesen. Und Lena war sich sicher, dass Schlothfang sich bereits an ihn erinnert hatte, als sie ihn das erste Mal getroffen hatten. Sie postierte sich vor dem Schreibtisch von Frau Keller.

»Jan Seegmeister!« Verdammt, da hätte sie auch selbst drauf kommen können. Wenn sie die Akten gelesen hätte. »Ich will wissen, was er damals im Prozess gegen Ritterling bezeugt hat.«

»Er war Gast in der ›Stiege‹ am Tatabend, und er war der einzige Zeuge, der gesehen hat, wie Kristin und Nicki zusammen raus sind«, spulte Frau Keller die Fakten ab.

»Nicki?«

»Ja. Kristin, die hat ihren Mann Nicki genannt. Also, das war so: Die beiden haben einen heftigen Streit miteinander gehabt. Und der Seegmeister war der letzte Gast im Lokal und hat alles mitgekriegt. ›Ich bring dich um, ich bring dich um!‹, hat der Nicki geschrien. Und dann sind sie alle zusammen raus, und der Seegmeister hat unter Eid ausgesagt, dass die beiden in Kristins Wagen gestiegen sind und Nicki hinters Steuer.«

Wut stieg Lena den Hals hoch. »Habe ich gesagt, lass uns die Akten lesen? Habe ich es gesagt?«

Sie stürmte an Kopper vorbei aus dem Büro, sprang ins Auto und stand keine zehn Minuten später am Kiefweiher. Ihr Herz klopfte. Aber nicht vor Wut über den dickschädeligen Kopper, sondern weil »Nicki« auf dem Anleger mit Weinkisten hantierte. Weil sie vielleicht den Faden in der Hand hatte, seine Unschuld zu beweisen: Seegmeister hatte ein Motiv für den Mord.

Sie trat auf den Gittersteg, blieb vor der Falle stehen und rief: »Klingeling.«

Nick blickte auf, und Wiedersehensfreude blitzte einen kurzen Moment in seinen Augen. Doch schon drängten zwölf Jahre Knast und Misstrauen in Nicks Bewusstsein, seine Mundwinkel fielen herab. Lena würde diesen Mann nicht verniedlichend »Nicki« nennen.

»Noch im Dienst?«, fragte er.

Ja, verdammt, sie war im Dienst und würde es so lange sein, bis der Fall aufgeklärt war.

»Jan Seegmeister hat vor zwölf Jahren gegen Sie ausgesagt.«

Nick packte eine Kiste, setzte einen Fuß auf die Bordwand, zögerte. Jegliche Fröhlichkeit war aus seinen Augen verschwunden. Das schmerzte, aber Lena hatte keine Wahl.

»Jetzt taucht seine Geliebte auf, die er zwölf Jahre kennt, will eine Aussage zu dem Prozess machen und wird ermordet. Das schreit doch geradezu nach einer Falschaussage, oder?«

Er verschwand unter Deck, sie hörte Flaschen klirren, dann war er wieder oben und fischte sich die nächste Kiste.

»Soweit ich mich erinnern kann, hat Seegmeister damals ausgesagt, dass ich mit Kristin zur Tatzeit in den Wagen gestiegen bin. Und das stimmt!«

Die Kiste verschwand in der Kajüte. Lena nahm den letzten Karton und reichte ihn über die Bordwand. Nick nahm sie, bedankte sich artig.

»Was er sonst noch ausgesagt hat, weiß ich nicht. Will ich auch nicht wissen!«

Seine Stimme klang rau, verletzt. Sie musste ihn aus der Reserve locken.

»Vorwärtsdenken, hm? Aber vielleicht ist das ja nur ein Notprogramm?«

»Notprogramm?« Nick lachte falsch, dann wurde er wieder ernst. »Wofür?«

»Um zwölf Jahre lang Bau zu schlucken, wenn man unschuldig ist.«

Nick hielt sich an der Takelage fest und setzte sein Knast-Lächeln auf. »Fangen Sie schon wieder damit an?«

»Mein Gott! Es gibt nur eine Aussage, die Michaela Bäuerle das Leben kosten konnte: dass *Sie* unschuldig waren, Nick! Dass der Mörder Ihrer Frau jemand anders war!«

Lena legte eine Kunstpause ein.

»Könnte Seegmeister ein Motiv gehabt haben?«, fragte sie dann.

»Denken Sie, dass ich lüge?«

»Zwölf Jahre Knast, keine Möglichkeit, sich zu wehren, Ihr Anwalt gibt Sie auf, Sie geben auf. Ich denke: Sie haben den Deckel draufgemacht, weil's anders nicht zu ertragen war. Sie glauben nicht mehr an Gerechtigkeit.«

Mit jedem Wort versteinerte Nicks Gesicht mehr.

»Sie täuschen sich, Lena! Ich glaube an Schuld und Sühne.«

Sie erschrak. Wie ein Hassprediger fiel er über sie her.

»Und ich habe gesühnt, zwölf gottverdammte Jahre lang. Und jetzt habe ich ein verfluchtes Recht darauf, die Vergangenheit zu begraben!«

Er beugte sich vor, eine Sekunde lang dachte Lena, er würde auf sie losgehen, aber er griff eine Weinkiste.

»Also: Lassen Sie mich einfach in Ruhe!«

Wenn Nick gewusst hätte, wie gerne sie das getan hätte. Wie gerne sie den echten Nikolas Ritterling kennengelernt hätte, der nach zwölf Jahren Gefängnis immer noch ein Mensch war.

»Aber das kann ich nicht, Nick.« Sie flehte fast. »Ich muss einen Mord klären. Wenn Sie damals unschuldig waren, dann müssen Sie den Deckel noch mal aufmachen und mir helfen.«

Wie einen ekligen Fisch schaute er sie an, brüllte fast, seine Bewegungen waren hektisch, panisch. »Ich habe alles gesagt. Schluss, aus! Wenn Sie noch Fragen haben, dann laden Sie mich einfach vor!«

Lena begriff nicht, warum er so abblockte. »Nick!«

»Hat mich gefreut, Frau Odenthal«, spuckte er ihr vor die Füße.

»Idiot!«, warf Lena ihm an den Kopf.

»Du mich auch.«

Das konnte er gerne haben. Dieser Dickkopf, dieser – verdammt, ihr fehlten die Worte. Das hatte wehgetan gerade, dabei wollte sie ihm helfen. Man würde ihn rehabilitieren, er konnte Schadensersatz verlangen, konnte seinen Stern zurückbekommen und wieder ein Restaurant aufmachen, vielleicht sogar hier in Ludwigshafen. Sie musste noch mal die Prozessakten durchwühlen, irgendwas musste damals schiefgelaufen sein, Schlothfang musste Fehler gemacht haben.

***

Kopper seufzte nur, als Lena Frau Keller um Aktenvortrag bat. Frau Keller war sichtlich begeistert. Sie zitierte ganze Passagen aus dem Kopf.

»›Aber der Zeuge sagt, dass Sie mit Ihrer Frau Kristin das Lokal im wilden Streit verlassen haben und Sie beide in den Wagen gestiegen sind.‹« Sie orientierte sich kurz. »Und jetzt sagt Ritterling: ›Bestreite ich ja gar nicht!‹ Schlothfang: ›Und dann? Sie sagen doch selber: Hundert Meter weiter haben Sie gehalten, Ihre Frau ist ausgestiegen.‹ Und jetzt unterbricht Ritterling erregt: ›Nein! *Ich* bin ausgestiegen.‹ Ja, und so geht das jetzt noch eine ganze Weile weiter, immer so im Kreis.«

Kopper lehnte in der Tür, füllte fast den ganzen Rahmen aus.

»Also, Seegmeisters belastende Aussage war, dass Ritterling im Streit mit seiner Frau zum Wagen ist. Das hat der ja auch nie bestritten.«

»Das war Seegmeisters ganze belastende Aussage, ja?« Lena trat ans Fenster, lugte durch die Lamellen des Rollos auf die Straße. Sie wollte nicht, dass Nick ein Mörder war. So einfach war das. Sie war dabei, ihre Objektivität zu verlieren. Sie fand diesen Mann anziehend, seine Augen, sein Lachen und vor allem seine Wut. Sonst sagten das immer die Männer: »Schatz, du siehst besonders süß aus, wenn du wütend bist.« Nick strahlte in seiner Wut eine Kraft aus, der sie sich nicht hatte entziehen können. Und sie hatte ihn Idiot genannt. Das hätte sie nicht getan, wenn er einfach nur ein Zeuge gewesen wäre.

Frau Keller legte nach. »Ja. Und dass er gedroht hat, seine Frau umzubringen. Aber das bestätigt der Ritterling letztendlich ja auch selber. Moment mal, da steht's.«

Sie holte tief Luft, aber Kopper bremste sie aus.

»Lena, komm, gib's auf. Ritterling hat seine Frau umgebracht. Und der Mord an Bäuerle hat mit damals nichts zu tun. Anruf hin oder her.«

Lena drehte sich zu ihm, wollte scharf erwidern, aber das Telefon auf Frau Kellers Schreibtisch ging dazwischen.

»Ja, KD 11, Büro Odenthal?«

Sie lauschte einen Moment, begann zu grinsen und legte auf.

»Jetzt wird's spannend. Unten sitzt eine junge Frau, die hat Sachen von der Bäuerle.«

Kopper und Lena rannten fast ins Erdgeschoss. Eine Kollegin von der Streife hatte schon auf sie gewartet, hielt ihnen eine Plastiktüte entgegen, in der eine Kreditkarte schimmerte, und drückte Kopper die Akte in die Hand.

»Angeblich beim Pinkeln im Gebüsch gefunden! Mehr bekommen wir nicht aus ihr raus. Vielleicht versucht ihr mal die harte Tour.«

Sie blieben vor der Tür zum Verhörraum 3 stehen, spähten durch den Sichtschlitz. Auf dem heißen Stuhl saß eine junge Frau, vielleicht achtzehn Jahre alt, vielleicht aber auch dreißig. Eine Heroinsüchtige, die versucht hatte, mit der Kreditkarte von Michelle Boyer einzukaufen, um sich den nächsten Schuss zu finanzieren. Lena gab ihr fünf Minuten. Jackie Meisner hieß sie, wohnte in Ludwigshafen, hatte die Schule geschmissen, lebte von der Stütze, vom Klauen und vom Anschaffen.

Sie traten ein, Lena blieb im Hintergrund bei den zwei Schutzpolizisten, die mit großer Hingebung dreinschauten wie zwei Mafiakiller. Kopper pflanzte sich keine zwanzig Zentimeter von Jackie entfernt auf dem Tisch auf, der bedenklich ächzte, als er sich darauf niederließ. Dann passierte gar nichts. Genau fünf Minuten lang. Alle starrten auf Jackie, die reagierte wie geplant.

»Was soll 'n das hier werden? Was glotzt ihr mich so an?«

»Die Beschreibung stimmt.« Kopper tat so, als würde er in einer Akte lesen.

»Was für 'ne Beschreibung?« Jackies Stimme zog sich wie Kaugummi in dem Bemühen, obercool daherzukommen.

»Woher hast du die?« Lena knallte ihr die Kreditkarte vor die Nase und setzte sich.

»Steht doch alles da drin. Gefunden im Gebüsch, beim Pinkeln«, sagte sie wie in Trance.

Lena schwankte zwischen Mitleid und Amüsiertheit.

»Kreditkarten liegen nicht im Gebüsch«, stellte sie klar.

»Die schon.«

»Was hatte sie denn noch alles in ihrer Handtasche?«, fragte Lena, und schon hatte sich Jackie verraten. Sie zögerte. Nicht für fünf Cent konnte sie lügen.

»Wer?«

»Die Frau, der die Kreditkarte gehörte. Und der Brillantarmreif.«

»Was für 'n Brillantarmreif?«

»Schon verhökert«, stellte Kopper fest.

»Was?«

Jackie schien tatsächlich nichts von dem Armreif zu wissen. Also einen Gang raufschalten.

»Du hängst an der Nadel, oder?« Lena erwartete keine Antwort, und sie erhielt auch keine.

»Zeig deine Schuhe«, knurrte Kopper.

Keine Reaktion.

»Na?« Er wies mit der Rechten nach unten. Jackie glotzte nur und musste sich belehren lassen, dass Kopper vielleicht ihr Opa hätte sein können, aber dass er alles andere als senil war. Blitzschnell griff er sich ihren Fuß, zog ihn nach oben, sodass sie samt Stuhl fast nach hinten gekippt wäre. Gegenwehr war zwecklos, Koppers Griff war fest wie eine Schraubzwinge. Er warf einen Blick auf die Schuhe und dann auf die Sohlen.

»Sneakers.«

Er ließ den Schuh los, Jackie zappelte rum.

»Ey, habt ihr was am Kopp?« Sie hatte wohl schreien wollen, aber die aufkeimende Angst schnürte ihr die Kehle zu.

Kopper wandte sich ab, stand auf, winkte den Kollegen.

»Die junge Frau ist verhaftet. Dringender Tatverdacht auf Raubmord zwecks Drogenbeschaffung.«

Aus Angst wurde Panik.

»Ey, seid ihr durchgeknallt?«

Lena schob die Kreditkarte über den Tisch. »Die Frau, der das gehört hat, wurde brutal ermordet und ausgeraubt. Und du hast die Karte beim Pinkeln gefunden, ja?«

Fangschuss. Jackie klappte zusammen, drei Minuten Verhör hatten ausgereicht.

»Nee.«

»Nee?«, echote Kopper. »Sondern?«

Jackie wand sich, aber sie war clever genug, um zu wissen, dass sie verloren hatte und es besser war, ein paar Punkte zu sammeln.

»Die hab ich von so einem Typen. Manu Winter. Der wohnt bei mir im Haus.«

***

Lena kannte die Gegend. Da war ständig irgendetwas los. Sie rückten mit vier Streifenwagen an, das sollte reichen, einen kleinen Fixer festzusetzen.

Die Haustür stand offen, Nachbarn und Anwohner verzichteten darauf, zu gaffen; Polizei bedeutete in diesem Viertel nichts Gutes. Im dritten Stock klebte ein handbeschriebener Zettel an der Tür, der darauf hindeutete, dass hier Manu Winter wohnte. Lena hämmerte gegen die Tür und presste den Klingelknopf zu Tode.

»Herr Winter, machen Sie die Tür auf! Hier ist die Polizei!«, schrie sie, aber nichts rührte sich.

Verdammt, kein Hausmeister weit und breit, der die Tür hätte öffnen können. Und selbst wenn er da gewesen wäre, hätte er wahrscheinlich nicht den passenden Schlüssel gehabt. Hier wurden die Schlösser schneller ausgetauscht, als die Mieter wechselten.

Kopper schnüffelte.

»Es riecht verbrannt, oder?«, fragte er in die Runde.

Lena und die Kollegen nickten, Kopper nahm Maß und trat die Tür auf. In einem Neubau hätte das nicht funktioniert, da hätte sich Kopper den Knöchel gebrochen, aber diese Zarge war eher aus Pappe als aus Holz.

Sofort schlug ihnen der typische Geruch von Verwahrlosung entgegen. Feucht, muffig, wie auf einer Müllhalde mit angrenzendem Klärwerk. Leere Dosen mit angeschimmelten Essensresten, Papiertücher mit Blutflecken, ungewaschene Kleider, die genauso stanken wie der junge Mann, der bäuchlings auf einer nackten Matratze lag. Lena kniete sich hin und fühlte seinen Puls. Er lebte noch, aber nicht mehr viel.

»Scheiße.« Sie zückte ihr Handy und orderte Notarzt und KTU.

Kopper beschäftigte sich mit einer braunen Lederhandtasche, die Lena auch sofort aufgefallen war. Die passte nicht zu dem halbtoten Fixer und genauso wenig zu Jackie.

»Lena!«

Kopper hielt ihr eine Faustfeuerwaffe unter die Nase.

Sie nickte, zog Handschuhe an und begutachtete das Fixerbesteck. Löffel, Kerzen, Spritze, Kanüle, mindestens fünfzehn Gramm Heroin. Und jede Menge Whiskeyflaschen. Manu Winter hatte anscheinend etwas zu feiern gehabt.

Die Sanitäter rückten an, verarzteten den Patienten und rückten mit ihm wieder ab. Lena entdeckte unter einem weiteren Müllberg ein aufgeschlagenes Buch. Eichendorff. Lyrik. Sie begann zu lesen.

Becker trabte an, ausnahmsweise mal nach dem Krankenwagen, und unterbrach ihren Ausflug in die Literatur.

»Und? Brillantarmreif gefunden?«

Kopper schnaubte. »Längst verscherbelt!« Er deutete auf die Waffe. »Da auf dem Sitz.«

Becker warf einen Blick darauf. »Kaliber 38. Das ist vielleicht die Tatwaffe.«

»Mit Sicherheit«, konstatierte Kopper mit fester Stimme.

»Wenn die richtig hart drauf sind, machen die für einen Schuss alles«, bemerkte Becker.

Kopper nickte nur, Lena gab Eichendorff zum Besten.

»Es war, als hätt der Himmel die Erde still geküsst, dass sie im Blütenschimmer von ihm nun träumen müsst.«

»Wenn du meinst«, kommentierte Kopper.

»Das ist Eichendorff, Kopper, würde dir auch mal guttun.«

»Weißt du, was mir guttun würde? Ein Grappa. Am besten zwei. Lass uns hier abhauen.«

Lena folgte Kopper auf die Straße, genoss die frische Luft und versuchte verzweifelt, Nick Ritterling aus ihren Gedanken zu vertreiben.

Sie zwang sich zurück zum Fall: ein Fixer, der Eichendorff las und sich dann den goldenen Schuss setzte. Auch ein cooler Abgang. Aber noch lebte Manu Winter, und er würde ihnen einiges zu erklären haben. Aber nicht heute. Kopper hatte ihre Gedanken gelesen.

»Feierabend. Das war also der Mordfall Bäuerle. Raubmord.«

Lena zuckte die Achseln. »Sieht so aus.«

»Und du hast dir einen Kopf gemacht wegen diesem Ritterling.« Kopper schloss seinen grauen Fiat 130 auf. »Ich hab Hunger, gehen wir noch was essen?«

Lena wurde es heiß und kalt. Hoffentlich merkte Kopper das nicht.

»Ich hab noch was zu erledigen.«

»Jetzt?«

»Ja.« Lena blieb stehen.

»Na gut.«

Nichts weiter. Er stieg ein, ließ den Motor an und brauste davon.

Lena schaute ihm hinterher. Warum hielt Kopper sie nicht davon ab? Warum begriff er nicht, dass sie in Gefahr schwebte? Aber was hätte sie denn gesagt, wenn er versucht hätte, sie von Nick fernzuhalten?

Sie hätte ihm den Marsch geblasen. Und zwar anständig.

***

Ritterling war nicht da. Auch der Sonnenhut war nicht da. Niemand war da. Sie war allein. Das war sie ja gewohnt.

Lena ging hinunter zum Rhein, setzte sich ans Wasser und schaute den Schiffen hinterher. Raubmord. Seltsam, sehr seltsam. Das hätte sie nicht gedacht. Also hatte Nick seine Frau doch umgebracht. Kein Komplott, keine Verschwörung. Oder Manu Winter war dem Mörder einfach nur zuvorgekommen. Hatte es auf die Brillanten abgesehen gehabt, und der Mörder hatte sich still und heimlich bedankt.

Sie ging zurück zum Anleger, die Sonne war bereits verschwunden, aber Nick war immer noch nicht da. Lena setzte sich und schaltete ihre Gedanken aus, die immer wieder gefährliche Wege einschlugen. Die Wasserfläche war schwarz, alles, was darunterschwamm, konnte sie nicht sehen. Genauso ist es mit den Menschen. Was unter der Oberfläche verborgen ist, kann man nicht sehen.

Lena hörte ein Klacken, blickte auf. Nick schob ein Fahrrad neben sich her, kam auf sie zu, Misstrauen im Blick. Er blieb stehen, sie fasste sich ein Herz, lächelte und sagte den Satz, den sie seit gestern immer wieder in Gedanken aufgesagt hatte:

»Vertragen wir uns wieder?«

Sofort verschwanden die Schatten von seinem Gesicht. Sein Lächeln warf sie fast um.

»Komm, ich zeig dir was.«

Er deutete auf sein Schiff, Lena ging vor, und es war kein Problem für sie, Nick in ihrem Rücken zu wissen.

»Aber vorher mache ich uns etwas zu essen. Du hast doch Zeit?«

Lena hatte Zeit. Den ganzen Abend und, wenn es sein musste, die ganze Nacht. Wieder schmunzelte sie über sich. *Wenn es sein musste!* Wann hatte sie das letzte Mal Sex gehabt? Guten Sex? Wenn Nick so gut im Bett war, wie er kochte, dann würde sie sich über einen Nachtisch freuen. Aber so weit war es noch nicht. Würde sich Nick überhaupt mit ihr einlassen? Warum nicht! Der Fall war erst einmal vom Tisch, er war kein Zeuge mehr, der Weg war frei.

Er legte sich ins Zeug, erzählte unbefangen von seiner Zeit im Gefängnis, von ein paar Jungs, die er dort kennengelernt hatte und die gar nicht so übel gewesen waren; erzählte von seiner Lehrzeit als Koch, die wesentlich härter gewesen sei als der Knast, und er erzählte von seiner Familie, von der niemand mehr lebte.

Lena hörte zu, und mit jedem Wort fühlte sie sich Nick näher. Mit jedem Wort öffnete er ihr eine neue Tür zu seiner Seele.

Er räumte ab, stellte seinen Laptop auf den Tisch und setzte sich neben sie.

»Schau mal.« Er drückte eine Taste, und schon erschien ein mediterraner Traum auf dem Bildschirm. »Das ist die Toskana. Aber nicht die klassische, hügelige, sondern die am Meer!«

Lena konnte den warmen Wind spüren, roch das Salz des Meeres.

»Die haben da einen neuen Yachthafen, der boomt.« Wein perlte in Lenas Glas. »Aber ein wirklich gutes Restaurant gibt's da noch nicht.« Er lachte kurz. »Also, ich meine, Essen in Italien ist immer wirklich gut. Aber ein Sternerestaurant, das gibt's da noch nicht!«

Nick drückte wieder eine Taste, die Küste flog an Lena vorbei, dann stoppten die Bilder. Ein Haus aus grob behauenen Steinen tauchte auf, bewachsen mit Weinreben, ein atemberaubender Blick auf das türkisfarbene Meer. Das Haus sah typisch römisch aus. Viele Winkel, Anbauten und Erker. Und es sah aus, als müsste man noch viel Geld investieren.

»Das ist es. Klar, man muss noch was reinstecken, aber ich habe Freunde, die mir helfen. Und ich weiß, dass ich da eine Goldgrube draus machen kann.«

»Du willst nach Italien?« Lena spürte einen kleinen Stich im Herzen.

Nick leerte sein Glas und nickte. »Weißt du, wie schön man da leben kann?«

Lena quälte sich ein Lächeln ab. »Wunderschön, wirklich.«

Ihr Magen rebellierte, und das sicher nicht wegen des unglaublichen Rinder-Carpaccios, das Nick ihr serviert hatte. Sie schenkte sich selbst nach, stand auf und ging hinaus aufs Deck, starrte wieder auf das dunkle Wasser.

Nick folgte ihr. »Na, was überlegst du?«

Sie brachte es kaum über die Lippen. »Wie es wäre.« Sie musste tief Luft holen, alles in ihr sträubte sich gegen den Gedanken. »Noch mal neu anfangen. Neues Leben, neue Freunde.«

»Nie darüber nachgedacht?«

Nick wartete geduldig, bis Lena endlich antwortete.

»Nein. Ich hab ja noch nicht mal darüber nachgedacht, was ich vermisse.«

In ihrem Hals kitzelte ein seltsames Gefühl. Es fühlte sich fast so an wie Trauer. Trauer, die den Hals hinaufkriecht, um sich in Tränen zu verwandeln. Nein! Nein und nochmals nein. Sie würde sich keine Blöße geben. Dann hatte sie halt nicht darüber nachgedacht. Und?

»Vielleicht bin ich eine ›Wenigübermichnachdenkerin‹.«

Nick ließ einen Moment verstreichen. »Vorsicht! Wenn man das nicht geübt hat, kann man sich heftig darüber verlieren.«

Lena spürte so etwas wie Angst aufsteigen. Aber nicht unangenehm. Eher prickelnd. Ihr Handy meldete sich, und in diesem Moment hasste sie das kleine Gerät, das sie Tag für Tag an die Leine legte.

Nick verzog das Gesicht und wandte sich ab. Sie erkannte Koppers Nummer und ging ran.

»Lena, du musst sofort kommen.«

»Mein Gott, Kopper, da bin ich mal einen Abend alleine unterwegs, und du kriegst schon eine Depression?«

Nick schmunzelte, und Lena merkte, wie sein Lächeln ihren Bauch wärmte, wie es ihre Angst vertrieb.

»Verdammt, Lena. Für wen hältst du mich? Ich bin gerade fast totgeschlagen worden. Bei uns ist eingebrochen worden. Und der Typ, der vor mir sitzt, hat dir, glaube ich, einiges zu erzählen.«

»Bin sofort da, Kopper, sorry.«

Mit einer Bewegung sprang sie auf, stellte ihr Glas ab und steckte das Handy zurück in die Tasche.

»Nick, es tut mir wirklich leid, aber ich muss los. Mein Partner hat ein Problem.«

Er drehte sein Glas in der Hand und starrte aufs Wasser.

»Klar. Der Partner sollte immer vorgehen, nicht wahr?«

Lena senkte den Kopf, Nick trat auf sie zu und nahm sie in den Arm.

»Entschuldige, das war unfair. Aber der Abend war einfach wunderschön.«

Lena wurde schwindelig, sie schien den Boden unter den Füßen zu verlieren, schien zu fallen, und für einen Herzschlag genoss sie es, wünschte sich mehr davon. Aber jetzt war keine Zeit für Mädchenträume. Kopper brauchte sie.

»Ja, ich fand den Abend auch schön.« Wie das klang! Wie eingeübt, aber sie hatte es ernst gemeint.

Nick ließ sie los, und sie sprintete über den Steg.

Die Reifen warfen Kies und Sand auf, als sie das Gaspedal durchtrat.

***

Zwei Stufen auf einmal nehmend hastete sie die Treppe hoch, rammte den Schlüssel ins Schloss, Mikesch kam ihr schnurrend und gleichzeitig klagend in den Weg, fast wäre sie über ihn gestürzt. Der Flur sah aus wie nach einer Schlacht. Ihre Lieblingslampe war in Scherben über den Boden verstreut, die Garderobe abgerissen; die Kommode lag in Einzelteilen zwischen dem Inhalt ihrer Schubladen. Die Tür zum Abstellraum hatte einige Blessuren abbekommen. Wo war Kopper?

Lena zog ihre Waffe und entsicherte sie. Bilder drängten sich in ihr Bewusstsein. Die Tote im »Ludwigsgarten«. Verdammt. Bitte nicht Kopper. Nicht Kopper!

»Lena!«

Koppers Stimme. Aus der Küche.

»Steck die Artillerie wieder weg, sonst passiert noch was.«

Sie bog um die Ecke. Auf Koppers Frühstücksstuhl saß ein Mann, der aussah, als warte er auf seine Hinrichtung. Ein roter Streifen quer über seiner Nase und die passende Schwellung ließen darauf schließen, dass Kopper kurzen Prozess mit ihm gemacht hatte.

»Mit dir alles in Ordnung?«, fragte Lena besorgt.

Kopper grinste und tippte sich an die linke Schläfe, von der sich ein Blutrinnsal bis zur Wange zog. Typisch Kopper. Erst Polizist und dann Mensch. So wie sie auch. Deswegen klappte es so gut mit ihnen.

»Nur ein Kratzer. Aber der Typ da kriegt mindestens zwanzig Jahre, weil er deine Lampe an meinem Kopf zertrümmert hat.«

Solange Kopper noch dumme Sprüche auf Lager hatte, konnte es nicht so schlimm um ihn stehen. Lena atmete auf.

»Was ist passiert?«

Kopper nickte zu dem lädierten Gesicht. »Der Clown da hat versucht, mich zu übertölpeln. Da musste ich ihm die Maserung des alten Bettkastens näherbringen. Gut, dass der noch nicht auf dem Sperrmüll war.«

Für Koppers Verhältnisse war das eine ganze Litanei, die er da von sich gab, also hatte er doch einen ganz schönen Schrecken bekommen.

»Und wer ist der Kerl?«

»Oliver Steffens, Privatdetektiv.«

Kopper reichte ihr den Personalausweis und die Visitenkarte des Gefangenen.

»Schau mal.« Lena nahm den Stapel Fotos, der vor Steffens auf dem Tisch lag, blätterte ihn durch und schüttelte den Kopf. »Hier, mein erster Tag beim KD 11. Die Lederjacke, voll die Achtziger.«

Kopper zitierte aus dem Notizblock des Detektivs. »›Keine Vereinszugehörigkeit, fährt allein in Urlaub.‹ Woher weiß er das denn?«

Steffens schwitzte, ein gutes Zeichen.

»Ich nehme an, von der Postkarte von Frau Keller aus Lanzarote.« Sie reichte ihm die Karte, und Kopper trug den Text vor.

»›Liebe Frau Odenthal, so ein Cluburlaub hat's in sich, Sie fahren doch auch immer allein!‹ Tja, das war's. Mehr hat er noch nicht rausgewühlt.«

Kopper warf die Karte auf den Tisch und wandte sich Steffens zu, der wie unter einem Schlag zusammenzuckte. Die Handschellen, mit denen Kopper ihn am Stuhl fixiert hatte, rasselten leise.

»Was willst du von Lena O.?«

Steffens perlte noch mehr Schweiß über das Gesicht, aber er schwieg. Kopper schob sich und seinen Stuhl näher an dessen gebrochene Nase heran.

»Einbruch, versuchte schwere Körperverletzung bei

einem Polizeibeamten. Du bist so was von am Arsch, du hast keine Chance! Die Frage ist nur, wie fett wir es an die Glocke hängen.«

Koppers Stimme war gefährlich neutral geblieben. Steffens schloss die Augen. Wahrscheinlich sah er sich, wie er seine Zelle bezog, aus der er für ein paar Jahre nicht mehr herauskommen würde.

Kopper rückte noch näher an ihn heran, er flüsterte fast. »Ich frag dich nur ein Mal: Wer hat dich auf Lena angesetzt und warum?«

Steffens schien sich auflösen zu wollen, aber nach fünf Sekunden Bedenkzeit flüsterte er einen Namen. Kopper hielt sein Ohr an seinen Mund.

»Wie bitte?«

ZWÖLF

Lena schickte Kopper in die Ambulanz, Steffens in den Arrest, wo er zwei Tage aus dem Weg war. Genug Zeit, um den Fangschuss zu setzen. Dann würde sie sich mit Nick verabreden und ihn fragen, ob er Lust hätte, mit ihr einen Segeltörn zu machen. Es war an der Zeit, Überstunden abzufeiern.

Sie duschte lange und heiß, trank eine heiße Milch als Betthupferl, schlief ein, wachte auf und dachte, sie hätte nur fünf Minuten geschlafen. Aber es war bereits sieben Uhr.

Sie hatte keine Eile. Aufstehen, joggen, duschen, in Ruhe anziehen, Frau Keller anrufen, keine Neuigkeiten, nach Kopper schauen, der nach einer halben Stunde Ambulanz alles unterschrieben hatte, nur um da wieder rauszukommen, und selig schnarchte. Seine Verletzung war tatsächlich minimal gewesen, ein Pflaster und ein Stapel Komplimente für seinen heldenhaften Einsatz hatten als Therapie vollkommen genügt.

Das Wetter zeigte sich von seiner besten Seite, die Vögel zwitscherten um die Wette, und die Empfangsdame bei Seegmeister Immobilien lächelte honigsüß, als sie Lena sah.

»Guten Tag. Sie können gleich zu Herrn Seegmeister durchgehen.«

»Will ich aber gar nicht.«

Das Lächeln schmolz dahin. »Ach so?«

»Ich will zu Conny Seegmeister. Sofort.«

Die Empfangsdame telefonierte hektisch, dann führte sie Lena in das Büro von Conny Seegmeister, die eine Begrüßung nicht für angebracht hielt. Sie stand am Fenster, gute vier Meter von der Tür entfernt, und legte nur den Kopf leicht schief. Lena ließ sich nicht lange bitten.

»Sie haben einen Privatdetektiv auf mich angesetzt.«

Conny Seegmeister zuckte nicht mit der Wimper. »Das stimmt, ich hatte Herrn Steffens gebeten, ein paar Erkundigungen über Sie einzuziehen.«

Das klang, als wäre das die normalste Sache der Welt. Lena war in gewisser Weise fasziniert von diesem eiskalten Engel.

Conny Seegmeister ging ein paar Schritte auf und ab, gestikulierte, als würde sie einen Vortrag halten. »Ich hatte den Eindruck, dass Sie mit aller Gewalt versuchen, meinem Mann etwas anzuhängen. Ich wollte wissen, ob Sie so etwas schon vorher mal versucht haben, ob da vielleicht Neid oder Profilierungssucht eine Rolle spielt.« Sie lächelte verbindlich.

»Und um das herauszufinden, lassen Sie in meine Wohnung einbrechen und meinen Kollegen verprügeln?«

Ein schmales »Oh« schlich sich über Conny Seegmeisters Lippen.

»Ich wusste nichts über die Vorgehensweisen von Herrn Steffens. Wenn ich das gewusst hätte, hätte ich das selbstverständlich nicht gebilligt.«

»Herrn Steffens' ›Vorgehensweisen‹ müssten Ihnen bekannt sein.«

Lena ließ den Satz einen Moment wirken. Conny Seegmeisters Gesicht veränderte sich; sie versuchte, die Unwissende zu spielen.

»Sie haben seine Dienste ja schon mal in Anspruch genommen. Vor vier Wochen. In Nizza.«

Lena rücke ihr auf die Pelle. Ein japanischer Kleingarten zierte die Fensterbank. Conny Seegmeister nahm ein Bambusröhrchen und legte es wieder akkurat an seine Stelle.

»In einer Eheangelegenheit.«

Sie wich Lenas Blick aus.

»Steffens sollte Ihren Mann in Nizza überwachen. Sie argwöhnten, dass er ein Verhältnis hatte. Herr Steffens schoss ein paar sprechende Bilder und brachte sie Ihnen. Das ist gerade mal vier Wochen her. Ihr Mann sprach von einem von Ihnen seit zwölf Jahren tolerierten Verhältnis mit Michelle Boyer. Sie aber wissen es erst seit vier Wochen. Warum hat Ihr Mann mich angelogen?«

Conny Seegmeister wurde blass. Wahrscheinlich hörte ihr Mann mit und erbleichte jetzt genauso.

»Das sind Dinge, die eine Ehe betreffen, Frau Odenthal. Und ich gedenke nicht, sie vor Ihnen, die davon keine Ahnung hat, auszubreiten.«

Perfekt. Die Fassade war dahin. Lena lud nach und feuerte.

»Er will Sie schützen, oder?«

Conny Seegmeister lachte verächtlich.

»Er hat Sie zwölf Jahre mit Michelle Boyer betrogen. Sie müssen diese Frau gehasst haben. Das ist ein Tatmotiv, Frau Seegmeister. Wo waren Sie Montagabend zwischen halb neun und halb elf?« Diese Frage war rhetorisch, aber Lena musste sie dennoch stellen.

»Zu Hause.« Conny Seegmeister schien kurz davor zu stehen, in Tränen auszubrechen. Sie verdrehte die Augen, so als würde ihr eine Erinnerung durch den Kopf schießen. »Mit meinem Mann, Frau Odenthal. Es tut mir leid.«

Diese Frau glaubte tatsächlich, dass Lena mit ihr einen Wettbewerb austrug. In was für einer Welt lebte sie?

»Erwarten Sie, dass Ihr Mann einen Mord deckt? Als Wiedergutmachung für zwölf Jahre Ehebruch? Er wird einknicken, früher oder später. Das wissen Sie so gut wie ich.«

Conny Seegmeister hob abwehrend die Hände. Ihr Lachen überdeckte nur mühsam den Hass, den sie auf ihren Mann und Michelle Boyer immer noch haben musste. Zwölf Jahre betrogen werden. Zwölf Jahre nichts bemerken. Was für ein Scherbenhaufen einer Ehe!

»Ich an Ihrer Stelle würde schleunigst meinen Anwalt informieren. Wiedersehen.« Das reichte. Lena wartete keine Antwort ab.

»Wiedersehen«, sagte Conny Seegmeister. Aber in ihrer Stimme lag keine Kraft mehr.

***

Wieso wollte die Amazone nicht zu mir? Ich schaltete die Raumüberwachung ein und hörte zu. Wie ich es erwartet hatte. Conny hatte nicht versucht, mich zu schützen, sondern sich selbst. Ein wenig amüsierte mich der

Gedanke. Seit meiner Entscheidung, das Leben hinter mir zu lassen, kann mich nichts mehr erschrecken. Das Gefühl war phantastisch. Ich wusste, bald würde ich keine Schmerzen mehr spüren, keine Übelkeit. Michelle würde mir nicht mehr fehlen, Conny hatte keine Macht mehr über mich. Ich würde wegen nichts angeklagt werden. Auch nicht wegen Mord. Wenn ich gewusst hätte, dass das so einfach ist. Fast musste ich laut lachen. Sie hatte Steffens von der Leine gelassen, und sie hatten ihn erwischt. Köstlich. Hoffentlich hatte der widerliche Schnüffler anständig einen auf die Nase bekommen. Die Polizei war ja nicht zimperlich. Aber das Beste war: Die unfehlbare Conny hatte den größten Bockmist gebaut, den man sich vorstellen kann. Und jetzt versuchte sie sich mit Schlägen unter die Gürtellinie rauszureden. Widerlich. Die Amazone konterte gut, hielt stand.

Beneidenswert. Die Frau war zwar trocken wie Wüstensand, hob nie die Stimme, veränderte kaum ihren Gesichtsausdruck, aber ihr entging nichts. Mir war klar gewesen, dass sie mich von Anfang an durchschaut hatte. Sie war gerissen, sie war gefährlich, weil sie sich nicht von ihren Gefühlen leiten ließ. Mich haben die Gefühle zur Strecke gebracht. Ich kann nicht ohne Michelle leben und nicht mit dieser Rachegöttin von Conny, die mir jeden Tag zu verstehen gibt, dass ich ein armseliger Wurm bin, den sie nur deshalb nicht zertritt, weil sie geschworen hatte, mir beizustehen. Sie hatte diesen Schwur tatsächlich ernst gemeint. Bis dass der Tod uns scheidet. Das war meine letzte Trumpfkarte. Das war der einzige Hebel, den ich bewegen konnte.

Zuletzt hatte sie doch verloren. Wenn ich tot an meinem Schreibtisch saß und sie mich finden würde, dann würde sie begreifen, dass sie keine Macht mehr über mich hatte, dann würde sich entscheiden, was ich ihr wert gewesen war. Die Kommissarin hatte recht. Ich war eingeknickt. Wäre sie heute zu mir gekommen, ich hätte ihr alles erzählt, alles, was in diesem verfluchten Jahr 1997 geschehen war. Ich dachte an Michelle, an Schlothfang, an die Ritterlings, an die Bäuerles. Wir alle waren verdammt. Mit oder ohne Schuld. Jeder auf seine Weise.

Ich benutzte den Hinterausgang, fuhr nach Hause, ordnete meinen Schreibtisch, nahm die Pistole, ich hatte keine Angst. Im Gegenteil. Die Vorfreude auf ein besseres Leben nach dem Tod erfüllte mich mit Beglückung, stimmte mich friedlich. Ich legte die Waffe zur Seite und machte einen letzten genialen Schachzug. Ich gestand den Mord an Michelle, entlastete Conny. Ein oder zwei Morde? Was spielte das für eine Rolle? Wenn Conny das las, würde sie verstehen, dass ich sie immer geliebt hatte.

Ich las meine Memoiren noch einmal, dann löschte ich die Datei. Eine Träne rutschte über meine Wange. Mein Leben gelöscht. Ich lächelte, setzte die Waffe an die Schläfe und löschte mich.

DREIZEHN

Kopper war tatsächlich beeindruckt, aber noch lange nicht überzeugt.

»Ein saugutes Motiv, ein miserables Alibi. Aber wir haben ja schon einen Täter.«

Lena schüttelte nur den Kopf. »Frau Keller, ist das Labor schon raus?«

»Ja, die 38er ist die Tatwaffe.«

»Fingerabdrücke?«

»Nur von Manu Winter. Und der ist frühestens heute Nachmittag vernehmungsfähig.«

»Danke.« Sie wandte sich wieder Kopper zu. »Er hat die Waffe gefunden. Genau wie den Armreif und die Handtasche. Er muss ein paar Minuten vor mir bei der Leiche gewesen sein.«

Sie ging zu ihrem Schreibtisch, sortierte flüchtig die Post. Ein dicker Umschlag fiel ihr auf.

»Er ist nicht unser Täter«, rief sie Kopper zu, der seinen Schreibtisch aufräumte. Sie riss den Umschlag auf und zog einen Stapel Fotos heraus. Das oberste zeigte Michaela Bäuerle in eindeutiger Position mit Jan Seegmeister. Sie war halb nackt, Seegmeisters Kopf steckte zwischen ihren Schenkeln, die Perspektive bewies, dass sie das Foto selbst aufgenommen haben musste.

»Was ist das denn? Das ist ja Seegmeister!«

Kopper begutachtete die Bilder, die sich auf jeder Pornoseite im Internet gut gemacht hätten.

»Das muss aber schon ein paar Jahre her sein.«

»Und die dunkelhaarige Frau ist Michaela Bäuerle.«

»Wer hat die geschickt?«

»Anonym. Irgendjemand will uns verklickern, dass Seegmeister damals was mit Michaela Bäuerle hatte!« Lena besah sich den Umschlag noch einmal und verstand gar nichts mehr. Nichts passte zusammen. Und woher kamen diese gottverdammten Fotos? Frau Keller rief herüber, gestikulierte wie wild.

»Schüsse in der Villa Seegmeister. Streifen sind schon unterwegs, das SEK benachrichtigt.«

Lena und Kopper stürzten sich in den Wagen, pflanzten Blaulicht auf, sie ließ die hundertachtzig Pferdestärken tanzen. Hatte sie es versaut? Hatte ihr Vorstoß am Morgen eine Kurzschlussreaktion bei Conny Seegmeister verursacht?

Lena zog mit ihrer Vollbremsung tiefe Spuren in den Kies. Sie stürmten die Treppe hoch, Waffen im Anschlag, vier Kollegen in Uniform kauerten vor der offenen Eingangstür und warteten auf das SEK. Streng nach Vorschrift. Aber Zeit für Vorschriften hatten sie jetzt nicht.

Kopper machte den Anfang, ging geduckt durch die Tür, sicherte rechts, sicherte links; Lena kam hinterher, überholte ihn, Schweiß rann ihr den Rücken hinunter.

Die Eingangshalle war leer. Keine Spuren von Kampf. Kein Blut.

Kopper zeigte auf eine Tür, die in den hinteren Teil des Hauses führte. Lena nickte. Die Kollegen hatten wohl Mut gefasst und kamen hinterher, kümmerten sich um das Obergeschoss.

Lena und Kopper schlichen durch die Tür, sicherten, horchten. Eine Stimme. Schluchzen, dazwischen Satzfetzen. Sie pirschten sich heran, konnten Conny Seegmeister erkennen, die den Kopf ihres Mannes in den Armen hielt. Lena legte an, Kopper schaffte sich auf die andere Seite, damit sie die Frau in der Zange hatten. Conny Seegmeister heulte auf.

»Das wollte ich nicht. Ich habe *sie* gehasst und nicht dich. Ich konnte ihr das einfach nicht verzeihen. Sie hat unser aller Leben versaut. Diese verdammte Sau. Dieses gottverdammte, dreckige Miststück!«

Wenn das nicht ein astreines Geständnis war. Lena und Kopper sprangen gleichzeitig auf.

»Frau Seegmeister, stehen Sie auf. Zeigen Sie uns Ihre Hände. Treten Sie zurück.« Koppers Stimme dröhnte durch den Raum.

Conny Seegmeister stieß einen kurzen Schrei aus, ließ den Kopf ihres Mannes los, der leblos zur Seite fiel. Lena konnte das Einschussloch sehen, das Blut, die Waffe, die in Panik geweiteten Augen Conny Seegmeisters, die langsam zur Terrassentür ging, sich mit dem Rücken dagegenlehnte und daran hinunterrutschte. Sie schloss die Augen.

Kopper behielt sie mit angelegter Waffe im Auge, Lena zückte Handschuhe, nahm einen Bogen Papier auf, der auf dem Schreibtisch vor dem toten Jan Seegmeister lag, und las vor:

»Hiermit lege ich, Jan Seegmeister, ein Geständnis ab. Ich lernte Michelle Boyer vor zwölf Jahren in Paris kennen und führte bis vor vier Wochen eine heimliche Beziehung in Nizza mit ihr. Ich wollte unser Verhältnis beenden. Aber Michelle war nicht dazu bereit. Sie kam nach Ludwigshafen, drohte, meiner Frau von dem jahrzehntelangen Ehebruch zu erzählen.«

Becker kam angerannt, hinter ihm die Leute vom SEK, die nach zwei Minuten wieder abzogen, weil es nichts für sie zu tun gab. Lena las weiter.

»Um das zu verhindern, verabredete ich mich mit ihr am frühen Abend des 7. Juli im ›Ludwigsgarten‹ und habe sie dort erschossen. Zu diesem Zeitpunkt wusste ich noch nicht, dass meine Frau von dem Verhältnis Kenntnis hatte und bereit war, mir zu vergeben. Ich bedauere es, Michelle Boyer getötet zu haben. Aber noch mehr bedauere ich, was ich meiner Frau zugefügt habe. Jan Seegmeister.«

Conny Seegmeister schrie auf wie ein Tier, dessen Lauf in einer Falle zerquetscht wird. Eine Polizistin kniete sich neben sie und fragte, ob sie etwas für sie tun könne, aber Conny Seegmeister schlug mit geschlossenen Augen um sich, ließ dann die Hände fallen und sackte in sich zusammen.

Das war eindeutig ein Fall für den psychologischen Dienst. Die Frau war nicht vernehmungsfähig, aber sie musste auf jeden Fall in Arrest, schließlich konnte sie durchaus ihren Mann getötet haben. Aber Becker machte ihr einen Strich durch die Rechnung.

»Du«, flüsterte er ihr ins Ohr, »du weißt ja, ich bin immer vorsichtig mit meinen Erstbefunden, aber das hier war zu neunundneunzig Prozent Selbsttötung. Das Blutbild an Seegmeister und seiner Frau spricht eindeutig dafür.«

Lena seufzte. Sie wusste, dass sie keine Schuld traf an Seegmeisters Tod, trotzdem fühlte sie sich verantwortlich. Sie hatte die Seegmeisters aufscheuchen wollen. Aber mit dieser Reaktion hatte sie nicht rechnen können.

***

»Du meinst, er lügt?« Kopper thronte hinter seinem Schreibtisch wie ein Mafiaboss. »Nimmt den Mord auf sich, jagt sich eine Kugel in den Kopf als Wiedergutmachung für den Ehebruch?«

Lena drehte das Geständnis in ihren Händen. »Schon der erste Satz ist eine Lüge! ›Ich lernte Michelle Boyer vor zwölf Jahren in Paris kennen.‹ Die Fotos beweisen: Er hat die dunkelhaarige Michaela Bäuerle bereits in Ludwigshafen gekannt. Warum lügt er die Paris-Geschichte dann noch in seinen Abschiedsbrief rein?«

Kopper lehnte sich vor. »Lena«, sagte er eindringlich, »Stand der Dinge ist: Wenn er's nicht war, war sie's! In beiden Fällen haben wir ein klares Motiv. Wen interessiert es, wann Seegmeister diese Michaela Bäuerle kennengelernt hat?«

Er hatte ja recht. Es war zum Verrücktwerden.

»Weiß ich nicht«, gab sie zu. »Es hängt alles mit damals zusammen. Mit dem Frühsommer 97!«

Kopper schüttelte nur den Kopf und vergrub sich in seinen Akten. Lena spielte mit den Fotos von Jan Seegmeister und Michaela Bäuerle Puzzle, aber ihr fiel nichts ein. Kopper verzog sich, sie ging noch mal die Akte Ritterling durch. Als hätte Nick das gespürt, landete eine SMS von ihm auf ihrem Handy.

»Heute Abend im Angebot: Jakobsmuscheln auf Rote-Bete-Carpaccio!«

Kopper platzte in ihre kribbelnde Vorfreude und schnappte sich seine Jacke.

»Manu Winter ist jetzt vernehmungsfähig. Kommst du mit?«

Lena fühlte sich ertappt. Wenn sie Kopper erzählte, dass sie gerade eine Einladung von Ritterling bekommen hatte, würde er wahrscheinlich richtig sauer werden.

»Ich fahr noch mal zu Schlothfang. Ich zeige ihm die Bilder von Michaela Bäuerle, vielleicht fällt ihm ja noch was zu damals ein.«

Das war nicht gelogen, das hatte sie tatsächlich vorgehabt.

»Wie du meinst, Lena O.«

Kopper war beleidigt, das konnte selbst ein Blinder sehen. Lena tat es leid, sie wollte ihre Entscheidung zurücknehmen, aber Kopper war schon weg. Dann eben nicht.

Lena brauchte fast eine Stunde bis zu Schlothfangs »Bürgerstube«, alle Straßen waren verstopft. Zum Ausgleich fand sie direkt davor einen Parkplatz.

Außen war kein Stuhl mehr frei, innen waren nur zwei Tische besetzt. Schlothfangs »Mäuschen« stapelte Speisekarten auf den Tresen.

»Guten Tag«, grüßte Lena.

»Hallo.«

»Ist Herr Schlothfang da?«

»Nein, der ist kurz Mayo holen. Kommt aber gleich wieder.«

»Dann warte ich eben auf ihn. Kann ich ein Wasser haben?«

»Natürlich«, antwortete »Mäuschen« fröhlich und machte sich an die Arbeit.

Lena blätterte in einer der handgeschriebenen Speisekarten. Ihr Blick fiel auf »Schnitzel mit Pommes und Salat«, und irgendetwas klickte in ihrem Kopf.

Noch einmal klickte es. Und nochmal. Das war es.

Ihr Wasser kam, »Mäuschen« schien verunsichert, sie starrte auf den Umschlag mit den Fotos, dann auf Lena, aber Lena sagte einfach nur »Danke« und ließ das Mädchen schmoren.

»Ach, Frau Odenthal.«

Schlothfang kam herein, der Eimer Mayonnaise zog seinen Oberkörper bedenklich in Schräglage.

Lena bemühte sich, möglichst unbefangen zu klingen, obwohl sie den Mann am liebsten an seinem Spießerhemdkragen gepackt und geschüttelt hätte.

»Tag, Herr Schlothfang.«

Schlothfang ging an ihr vorbei und drückte seiner Hilfskraft den Eimer in die Hand. »Machst du mir einen Riesling, Mäuschen?«

Er lehnte sich halb auf den Tresen, beugte den Oberkörper weit nach vorne.

»Und?« Das »Und« zog er in die Länge, als würde er dafür bezahlt. »Wie weit seid ihr denn?«

»Ich habe ein paar alte Fotos gekriegt, die uns vielleicht weiterhelfen.« Lena wedelte mit dem Umschlag, ging zu einem Tisch und ließ den Umschlag fallen. Sie drehte sich zu Schlothfang um, der ihr gefolgt war.

»Ich vermute, der Absender hat sie vor zwölf Jahren unterschlagen. Jetzt hat er sie mir geschickt, weil er wohl ein schlechtes Gewissen bekommen hat.«

»Ja, was? Wie? Was für Fotos?« Er wich ihrem Blick aus.

»Ach, kommen Sie. Hören Sie doch auf.« Lena war laut geworden, senkte ihre Stimme aber sofort wieder. »Sie haben das geschickt, und Mäuselchen hat die Anschrift draufgeschrieben.« Schnitzel und Pommes mit Salat. Handgemalt von »Mäuschen«. So ein verdammter Anfängerfehler. Wahrscheinlich hatte Schlothfang es darauf angelegt, enttarnt zu werden. Er hatte irgendetwas auf dem Gewissen und wollte es loswerden.

»Oh, Scheiße«, sagte Schlothfang und setzte sich an den Tisch, langsam und gebeugt wie ein alter Mann.

Lena nahm ebenfalls Platz. »Ja. Scheiße! Wo haben Sie die Fotos her?«

»Die habe ich bei Kristin Ritterlings Sachen gefunden, damals.« Er sah ihr nur kurz in die Augen, dann senkte er den Blick wieder.

»Bei Ritterlings Frau?« Lena war ernsthaft überrascht. Was bitte hatte Kristin Ritterling mit Michaela Bäuerle zu tun?

Schlothfang jedenfalls war reif für ein Geständnis.

»Als ich bei Seegmeister nachgehakt habe, hat er rumgejault. Ob ich die Fotos nicht zurückhalten kann. Damit seine Gattin nichts davon erfährt.«

Schlothfang hatte Beweismittel unterschlagen, sich strafbar gemacht. Lena konnte das nicht begreifen.

»Herr Schlothfang, Sie waren damals ermittelnder Hauptkommissar!«

»Ja. Eben, ich … das ging alles gar nicht mehr damals.«

Er gestikulierte, suchte jetzt flehend ihren Blick, bettelte um Verständnis.

»Meine Frau hatte Sklerose, ich musste mich um sie kümmern. Ein Job mit so einer Dienstzeit, das ging alles gar nicht mehr!«

»Hat Seegmeister Ihnen Geld gegeben?«

Schlothfang fuchtelte mit seinem Zeigefinger vor Lenas Nase herum.

»Nee, nee, nee!«

Lena blieb unbeeindruckt. Schlothfang ließ den Kopf hängen, seine Stimme schien sich verstecken zu wollen.

»Na ja. Ein günstiger Start und eine niedrige Pacht für den Laden hier ...«

»Mann, Herr Schlothfang!« Lena war entsetzt. Und das Schlimmste war, dass Schlothfang dafür nicht würde geradestehen müssen. Die Sache war verjährt.

»Ging doch bloß um seine Ehe! Der Fall Ritterling war doch klar! Was hätte es denn groß geändert, wenn herausgekommen wäre, dass Seegmeister auch was mit ihr hatte? Sie hatte es doch eh mit allen damals!«

Lena stutzte. »Michaela Bäuerle?«, fragte sie nach.

»Wieso jetzt eigentlich wieder diese Michaela Bäuerle?« Schlothfang schüttelte den Kopf.

»Auf den Fotos, das ist Michaela Bäuerle!« Das musste er doch wissen. Er hatte die Bilder ja schließlich verschwinden lassen. Lena zog sie aus dem Umschlag und hielt sie ihm hin. »Hier!«

Schlothfang warf nur einen kurzen Blick darauf. »Was? Nee, das ist Ritterlings Frau. Das ist Kristin Ritterling!«

Die Zahnräder rasteten ein.

Lena sprang auf, raffte die Fotos zusammen, stürmte aus dem Lokal und hetzte zurück ins Präsidium.

Frau Keller war bereits nach Hause gegangen, Lena hatte das Büro für sich. Bis auf die Vergrößerungen der Ausweise von Michaela Bäuerle und Michelle Boyer nahm sie alle Bilder ab und verteilte sie auf ihrem Schreibtisch. Wer war wer? Wer hatte mit wem was? Zuerst Jan Seegmeister. Daran hatte sich nichts geändert. Er hatte ein Verhältnis mit Michelle Boyer gehabt. Sie hängte ihn zurück zu seiner Geliebten. Wann hatte Seegmeister Michelle kennengelernt? Vor mehr als zwölf Jahren. Wann war Michaela Bäuerle verschwunden? Sie hängte die Fotos von Jan Seegmeister und Kristin Ritterling im Kreis um Michelle Boyer und Seegmeister. Bäuerle – Boyer. Diese Ähnlichkeit. Nicht zu glauben. Sie klebte das Bild der toten Kristin Ritterling in die Mitte. Wann war Kristin Ritterling gestorben? Vor zwölf Jahren. Die Zahnräder bewegten sich ein Stück weiter. Kein Mensch konnte zwei Mal sterben. Mit Ausnahme von Nikolas Ritterlings Frau.

***

Die Sonne war bereits untergegangen, als sie vor dem Haus der Bäuerles hielt. Sie klingelte, und Günther Bäuerle öffnete sofort, als hätte er hinter der Tür gewartet.

Er hielt einen Finger vor den Mund. »Sie schläft gerade. Meine Frau. Sie ist wieder zu Hause. Aber sie muss noch Tabletten nehmen, sonst hält sie das alles nicht aus. So langsam wird ihr klar, dass Michaela tot ist.«

»Herr Bäuerle! Haben Sie mir nichts zu sagen?«

Lenas Lust, sich weiter hinhalten zu lassen, lag unter null.

Wieder hob er den Finger vor den Mund und schob sie hinaus auf die Terrasse.

»Herr Bäuerle. Die Leiche aus dem ›Ludwigsgarten‹ ist noch in der Rechtsmedizin. Wir können das feststellen!« Sie hob die Stimme.

Er wich ihrem Blick nicht aus. Das nächste Geständnis war auf dem Weg.

»Wissen Sie, wie das ist? Warten und hoffen, zwölf Jahre lang? Jedes Läuten an der Tür, jeder Anruf, jeder Schritt vorm Haus. Es war immer Michaela. Zwölf Jahre lang. Ruth und ich haben gar nicht mehr gelebt! Ich wollte, dass das endlich vorbei ist.«

»Sie haben nicht die Wahrheit gesagt. Die Tote aus dem ›Ludwigsgarten‹ ist nicht Ihre Tochter Michaela.«

»Ich wollte nur noch ein bisschen Leben für uns. Für mich und meine Frau!«

VIERZEHN

Lena parkte den Wagen in Sichtweite des Bootes im Schatten und fühlte sich schlecht.

Bevor sie zu Nick gehen konnte, sich in Reichweite seiner warmen Stimme, seiner braunen Augen und seines wunderbaren Lächelns begab, musste sie wissen, was Kopper bei Manu Winter erfahren hatte. Davon hing alles ab.

Sie löste den Sicherheitsgurt, als ihr Handy piepte. Koppers Nummer, endlich.

Sie ging ran.

»Was gibt's?«

Lena hörte eine Weile zu, gab Kopper eine Anweisung, legte auf und fragte sich, warum das Leben manchmal so abgrundtief beschissen sein musste. Dann holte sie tief Luft und machte sich auf den Weg.

»Lena!« Nicks Stimme wärmte ihr kurz die Seele. »Du kannst einfach weitergehen, ich habe die Klingel etwas verändert. Schau mal da links.«

Er zeigte auf eine Schnur, die zu einer kleinen Schiffsglocke führte. Sie zog daran, der Ton war hell und klar, aber Lena kam es vor wie eine Totenglocke.

Nick strahlte und half ihr ins Boot.

»Du siehst gut aus, Lena. Wie machst du das nur? Bei dem Job? Prosecco?«

Lena nahm dankend an, sie tranken, plauderten, Nick machte das Essen fertig, und wie erwartet schmeckte es köstlich.

»Jakobsmuscheln sind eigentlich ziemlich fade. Aber mit Roter Bete kommt das richtig gut, nicht?«

Lena brummte nur und kaute weiter. Nick fixierte sie, und ihr wurde wieder abwechselnd heiß und kalt. Waren das die Wechseljahre oder die Schmetterlinge im Bauch?

»Hast du geübt?«, fragte er.

Lena verstand nicht. Hatte er sie durchschaut? Nick lachte perlend.

»Über dich nachzudenken.«

Lena schüttelte den Kopf. »Ich hatte keine Zeit. Ich musste meinen Mordfall ›Ludwigsgarten‹ lösen.«

»Und? Hast du ihn gelöst?« Nick kaute plötzlich langsamer, sein Lächeln verlor seinen Glanz.

»Ja. Die Leiche war nicht Michaela Bäuerle. Sondern deine Frau.«

In seinen Augen las sie Respekt, keine Angst. Wie konnte das sein? Warum hatte Nick Ritterling keine Angst?

»Kann ich noch ein bisschen Rote Bete haben?« Lena hielt ihm ihren Teller hin, lächelte harmlos, lenkte das Gespräch in sichere Gefilde. Es fiel ihr schwer.

»Es gibt aber noch Dessert!«

»Das schaffe ich schon.«

Nicks warmes Lächeln mutierte zu seinem Knast-Lächeln. Er griff nach der Schüssel und spießte ein paar Scheiben auf.

»Wir haben heute Mittag die Leiche von Jan Seegmeister gefunden«, sagte Lena. »Er hat nicht nur seine Frau, sondern auch dich gedeckt.«

Sie hob ihre Hand. »Danke, das reicht. Er hat die Schuld auf sich genommen. So wie du seine, vor zwölf

Jahren. Was ist damals passiert? Hat er Michaela Bäuerle ermordet, oder was?«

Nick grinste über das ganze Gesicht. »Es gab keinen Mord.«

FÜNFZEHN

Conny Seegmeister musste nicht in den Arrest, die Sachlage war klar. Ein Arzt gab ihr Tabletten, und entgegen der Packungsbeilage schluckte sie drei davon auf einmal. Nach fünf Minuten setzte die Wirkung ein. Der Orkan in ihrem Kopf ließ nach. Die Bilder von Jan verblassten, ihr Atem kam zur Ruhe, sie konnte wieder klar denken.

Sie fasste zusammen: Jan war tot. Er hatte sich selbst getötet. Hatte sich wie immer der Verantwortung entzogen. War den leichteren Weg gegangen. Er hatte den Mord an Michelle Boyer gestanden, um sie zu entlasten. Er hatte sie geliebt. Eine Welle der Trauer brandete gegen ihren Verstand, aber die Medikamente hielten stand. Was zum Teufel war passiert? Was hatte sie übersehen? Hatte Schlothfang geredet?

Sie ließ sich in ihren Bürostuhl fallen. Massierte sich die Schläfen. Ein Gedanke kam, verschwand wieder. Eine Erinnerung, ein Fetzen, Jan saß ihr beim Frühstück gegenüber, sie sprachen über Religion, über die heuchlerischen Pfarrer, die Kinder vergewaltigten und dann die Beichte abnahmen. Jan hatte etwas Wichtiges gesagt. Sie sah, wie er seinen Mund bewegte, wie er die Worte formte: »Wenn ich mal gehen muss, dann werde ich auch meine Beichte ablegen, aber niemand wird sie zu sehen bekommen.«

Sie sprang auf, lief in sein Büro, startete den Computer und die Suchfunktion, Stichwort: »Beichte«. Nichts. Dann eben »Geständnis«. Fehlanzeige. Zitternd schwebten ihre Finger über der Tastatur. »Niemand wird sie zu sehen bekommen.«

Sie öffnete den Ordner für gelöschte Dateien. Unglaublich. Dieser Mann war noch nicht einmal in der Lage, Spuren zu verwischen. Oder hatte er es gar nicht gewollt? Sie stellte die Datei wieder her und begann zu lesen. Die Jahre flogen an ihr vorüber, die verpassten Chancen, mit jeder Zeile wurde ihr Jan Seegmeister fremder. Alles Lüge. Sein Leben, ihr gemeinsames Leben – nichts als eine umfassende Lüge. Und es hatte nicht erst im Juni 1997 begonnen. Es hatte schon begonnen, bevor sie verheiratet gewesen waren. Es hatte damit begonnen, dass sie tatsächlich den Vater von Jan hatte heiraten wollen und mit dem Sohn vorliebgenommen hatte. Das war ihr nie bewusst gewesen, und jetzt traf es sie wie ein Faustschlag ins Gesicht. Sie hatte Jan all die Jahre dafür bestraft, dass er nicht wie sein Vater gewesen war. Und Jan hatte sie dafür bestraft, dass sie wie sein Vater war.

Als er am frühen Morgen des 4. Juni 1997 zu ihr gekommen war, sie geweckt und ihr mit seinem Kindergesicht und seiner weinerlichen Stimme gestanden hatte, dass er eine Frau überfahren und getötet – ermordet, wie er sagte – habe, eine gewisse Michaela Bäuerle, eine junge Frau, die plötzlich auf der Straße gestanden hatte, wie aus dem Boden gewachsen, da hatte sie ihn kurz in den Arm genommen und dann sanft geohrfeigt, wie man einen unartigen Bub ohrfeigt. Immerhin hatte er dafür gesorgt, dass er nicht belangt werden konnte. Eine gute Idee, konsequent umgesetzt, das hatte sie ihm gar nicht zugetraut.

Seit vier Wochen wusste sie, dass es nicht seine Idee

gewesen war. Aber selbst in seinen Memoiren, sie musste lächeln – was für ein großes Wort für das Seelenquengeln eines Versagers –, selbst hier sparte er diese Nacht aus. Verdammt, warum hatte er sich umgebracht? Noch ein paar Monate, und sie hätte ihm verziehen, hätte ihn wieder aufgenommen, hätte mit ihm noch wunderbare Jahre verbringen können. Vor allem nachdem sie dafür gesorgt hatte, dass Kristin Ritterling sich nie wieder in das Leben anderer einmischen konnte. Dieses Miststück, verdorben und verkommen, nicht wert, zu leben, nicht wert, begraben zu werden. Den Hunden sollte man sie zum Fraß vorwerfen, aber die Gesetze dieses Landes wussten nichts von Gerechtigkeit.

Hätte Kristin Jan in Ruhe gelassen, hätte Kristin ihn nicht mit ihrer Geilheit verführt und verwirrt, hätte er sie nie verlassen, dazu wäre er zu schwach gewesen. Nur einen Trost hatte Conny: Die Polizei würde ihr nicht nachweisen können, dass sie für den Tod von »Michelle« verantwortlich war. Diese Kommissarin hatte eine gute Nase, das musste man ihr lassen. Hatte mit einem angeblichen Zeugen geblufft. Und Jan, dieser dumme Junge, war in Panik geraten und hatte sich umgebracht, weil er geglaubt hatte, dass sie selbst diese verfluchte Hure getötet hatte.

Ihre Gefühle schwankten zischen Hass und Liebe. Alle hatten sie bewundert für Jan, den Charmanten, für Jan, den Schönen, für Jan, den Erfolgreichen. Sie waren das ideale Paar gewesen, das hatte sie geglaubt, und jetzt lag alles in Trümmern. Sie konnte sich genauso gut auch umbringen.

Sie lachte. So ein Unsinn! Sie erinnerte sich an die

»Stiege«, dachte an Nick Ritterling, auch so ein Schönling, auch so ein schwacher Mann, anders als Jan, aber genauso tödlich. Sie hatten Tausende in der »Stiege« ausgegeben, jeder Pfennig war es wert gewesen, sie hatten so manche Nacht gemeinsam durchgemacht, und immer lag Spannung in der Luft. Sie hatte das ausgeblendet, hatte gekonnt vorbeigeschaut. In der Schicksalsnacht war es ihr zu viel geworden. Die »Stiege« hatte bereits geschlossen, zu viert hatten sie noch ein paar Flaschen geköpft. Nick fing an, irgendetwas von Männern zu erzählen, die nichts in Kristins Leben zu suchen hätten, Jan war das alles furchtbar unangenehm, kein Wunder, er hatte zu der Zeit schon zigmal mit ihr gevögelt. Diese geile Schlampe lachte nur die ganze Zeit und tätschelte Nick die Wangen. Ob Nick das gewusst hatte? Dass seine Kristin ihn mit seinem Freund hörnte?

Als Nick ausrastete und der Krieg offen ausbrach, hatte sie sich ein Taxi gerufen. Jan hatte ihr nur zugeraunt, er wolle auf die beiden aufpassen, und war nach Hause gefahren. Was für ein Fehler! *Sie* hätte besser auf Jan aufpassen müssen, hätte ihn viel früher an die Leine legen müssen.

Trauer begann von ihr Besitz zu ergreifen, sie schluckte noch mal zwei Tabletten. Sie dachte an den Kommissar, Schlothfang, der die Ermittlungen geleitet hatte. Wie einfach es gewesen war, ihn dazu zu bringen, seine Ehre und seinen Beruf zu verraten. Seine Frau war todkrank gewesen, er am Ende seiner Kräfte. Aber er hatte all die Jahre geschwiegen und nie wieder Forderungen gestellt. Ein korrupter Bulle, aber immerhin ein vertragstreuer korrupter Bulle.

Conny schob den Stuhl nach hinten, stand auf und streckte sich. Sie musste Cornelani anrufen. Sie musste Jans Beerdigung organisieren. Sie musste eine Stelle ausschreiben. Schließlich musste das Geschäft weitergehen. Schließlich musste das Leben weitergehen.

SECHZEHN

Nikolas Ritterling, genannt Nicki, genannt Nick, ließ seine Worte wirken, und sie wirkten. Lenas letzter Hoffnungsschimmer, es könne sich bei der Personenbeschreibung von Manu Winter doch um einen Irrtum gehandelt haben, schwand dahin.

»Es gab keinen Mord«, wiederholte Nick. »Es gab Streit im Lokal. Dann sind wir raus, Jan hinterher. Er hat damals schon mit Kristin rumgemacht. Kristin und ich sind in den Wagen, wollten nach Hause. Aber dann hat sie so einen Mist erzählt, dass ich nach hundert Metern angehalten habe und abgehauen bin. Jan ist vom Restaurant aus hinterher zu Kristin hinters Steuer, und am Stadtrand hat er eine Fußgängerin erwischt. Eine junge Frau.«

»Ein Unfall«, stellte Lena fest. Die Teile fügten sich zusammen. »Er hat Michaela Bäuerle überfahren.«

»Er war stockblau. Und dann hat er Panik bekommen. Aber meine bezaubernde Gattin entdeckte eine gewisse Ähnlichkeit zwischen sich und der Toten und kam auf eine grandiose Idee.«

»Sie haben ihr Kristins Klamotten angezogen?«

»Schmuck, Ehering, alles! Hinters Steuer gesetzt, Zigarette in die Hand und das Auto die Böschung runter.«

Nick nahm sein Glas. »Kristin Ritterling – tödlich verunglückt.« Er prostete ihr zu.

»Warum wollte sie untertauchen?«, fragte Lena.

»Sie hatte früher schon zu viele beschissen. Ein

paar davon hatten sie in Ludwigshafen ausfindig gemacht, die konnten es kaum erwarten, sie wiederzusehen. – Na ja, die Nummer flog jedenfalls auf, also: der vorgetäuschte Unfall, nicht die Identität der Leiche. Das hab sogar ich damals nicht geblickt. Für die Polizei war's Mord. Das war natürlich nicht geplant. Kristin wollte einfach einen Unfall und verschwinden. Aber anstatt die Sache aufzuklären, hat sie mich wegen Mordes hinter Gitter wandern lassen.«

Also hatte sie doch recht gehabt. Und auch wieder nicht. Nick hatte ihr immer die Wahrheit gesagt. Seine Wahrheit. Ein schwacher Trost. Und die Blumen im Hotel waren tatsächlich eine Drohung gewesen. Von wem auch immer, es spielte keine Rolle mehr.

»Und Seegmeister hat mitgespielt?«

»Ein Lemming! Alles, was Jan gemacht hat, hat Kristin mit ihm gemacht!« Nick lehnte sich zurück und seufzte genüsslich. »Tja, so war das, Lena. Möchtest du noch?«

»Danke, nein.« Sie war satt, hatte sowieso nicht sehr viel Hunger gehabt, und jetzt war ihr der Appetit endgültig vergangen. »Wer hat dir das eigentlich alles erzählt?«

»Conny.«

»Conny Seegmeister? Ihr kennt euch?« Lena war überrascht.

»Ja sicher, schon ewig.«

Nick nahm einen tiefen Schluck Rotwein. Das war bereits die zweite Flasche, er hatte fast alles allein getrunken, und der Alkohol hatte bis jetzt keinerlei Wirkung gezeigt. Kein gutes Zeichen.

»Conny kannte auch Kristin gut, zu gut. Am Anfang hat sie mich ein paarmal im Gefängnis besucht.« Er leerte das Glas. »Und jetzt hilft sie mir, Italien zu finanzieren.«

»Dann ist Conny vor vier Wochen nicht nur klar geworden, *dass* ihr Mann sie betrügt, sondern vor allem, mit *wem*.«

Nicks Gesicht wurde hart. »Ja. Mit einer toten Schlampe.« Sofort setzte er sein Knast-Lächeln wieder auf.

»Und warum erzählt sie dir das brühwarm weiter?«

»Weil sie Kristin gehasst hat und weil sie wusste, was ich mit Kristin machen würde.« Er stand auf und duckte sich hinunter in die Küche.

Eigentlich hätte sie jetzt Angst bekommen müssen, aber Nick war kein Killer, das nicht, nicht in diesem Sinne. Er tauchte wieder auf.

»Profiterol mit Mousse au Chocolat.«

»Du hast mich nie angelogen.«

»Nein. Ich habe meine Frau getötet. Und ich habe dafür gebüßt. Ich weiß, das Gesetz sieht eine andere Reihenfolge vor, aber da stehen sich Gesetz und Gerechtigkeit im Weg! Oder wie siehst du das?«

Jegliche Wärme war aus seiner Stimme verschwunden, seine Augen verschleierten sich. Lena kannte diesen Ausdruck, hatte ihn schon hundertmal gesehen in den Augen der Täter, die versuchten, ihre Tat vor sich selbst und anderen zu rechtfertigen. Nick war ein Mörder, und er hatte es mit Freude getan, hatte Genugtuung gespürt, als seine Frau tot war. Aber da war noch ein loser Faden. Sie hatte begriffen, dass Conny Seegmeister den Schnüffler nicht allein losgeschickt hatte.

»Warum habt ihr eigentlich einen Privatdetektiv auf mich angesetzt?«

Nick legte seine Hand auf Lenas. Sie fühlte sich an wie heißes Eisen.

»Ich wollte wissen, wer du bist und woran ich mit dir bin, Lena.« Er sagte das, als sei Bespitzelung dasselbe wie gemeinsam Kaffee trinken.

Sie zog ihre Hand weg, richtete sich auf. So konnte man sich täuschen. Nikolas Ritterling war nicht nur ein Mörder, er bereute es nicht einmal.

»Wer ich bin?«, stieß sie hervor. »Lena O. Nicht mehr ganz jung. Beziehung: Katze. Freunde: meine Kollegen, mehr nicht. Seit zwanzig Jahren wühle ich in Gewalt, Mord und Totschlag. Ich finde nur selten irgendwas Nettes dazwischen. Vielleicht mal ein paar Zeilen Eichendorff unter dem Sofa eines Junkies. Oder jemanden wie dich.«

Sie blickte ihm fest in die Augen. Er sollte wissen, dass sie nicht litt, dass sie mit *ihrem* Leben besser zurechtkam als er mit *seinem*, das er zum zweiten Mal verpfuscht hatte. Aber er sollte auch wissen, dass sie mit dem Gedanken gespielt hatte, sich fallen zu lassen.

»Ich bin einsam, Nick. Oft. Ich wünsche mir auch ein anderes Leben, manchmal. Vielleicht hätte ich mich sogar in dich verlieben können.« Sie hatte Lust, Nick wehzutun, ihn so zu verletzen, wie er sie verletzt hatte mit seinen verdammten braunen Augen.

Sein Lächeln schnitt ihr in den Bauch.

»Das kannst du immer noch, Lena. Niemanden interessiert diese alte Geschichte.«

Hättest du einfach mal Kopper gefragt. Der hätte

dir gesagt, dass mit mir in Sachen Mord nicht zu verhandeln ist, dachte Lena.

»Doch, mich«, erwiderte sie und spürte, dass eigentlich jedes Wort zu viel war.

»Du wirst das nie beweisen können, das weißt du, nicht?« Jetzt klang er wieder wie ein Vater, der seinem kleinen Mädchen erklärt, wie die Welt funktioniert. Wie schade. Dieser Mann war so voller Irrtümer, dass er die Realität nicht mehr sehen konnte. Der Rest war Koppers Sache. Sie würde Nick nicht festnehmen, das nicht.

»Ich muss jetzt leider gehen!«

Nick gab nicht auf, glaubte tatsächlich, er könnte sie davon überzeugen, mit einem Mörder zu leben und alles zu verraten, an das sie glaubte.

»Es ist zu lange her, die Beteiligten sind tot. Du wirst es nie beweisen können! Und wenn, dann brauchst du dafür Jahre! Und du wirst dich dafür hassen!«

Sie würde sich dafür hassen, wenn sie ihn nicht zur Strecke brachte. *Das* war die Wahrheit und nichts als die Wahrheit. Die Zeit war abgelaufen.

»Vielen Dank für das tolle Essen. Nick, mach's gut.« Sie stand auf, wollte über die Reling klettern, aber Ritterling sprang auf, griff sie am Arm. Sie riss sich los, Ritterling ließ sofort von ihr ab.

»Warum, Lena? Warum?«

Er begriff nichts. »Du hast deine Frau hingerichtet, und du fühlst dich auch noch gut dabei. Wir passen einfach nicht zusammen.«

Nick warf verzweifelt die Arme in die Luft. »Herrgott, aber sie hat es verdient! Kristin hat es wirklich verdient«, rief er Lena hinterher.

Einmal noch blieb sie stehen. »Die Todesstrafe ist abgeschafft. Sei froh!«

Sie musste weg hier, nur noch weg. Trauer drückte ihre Kehle zu. Kopper kam ihr auf dem Steg entgegen wie vereinbart, vier Kollegen im Schlepptau und nicht gerade begeistert vom Verlauf des Abends.

»Was soll das denn? Du isst da stundenlang mit ihm, und ich soll ihn jetzt verhaften?«

Kopper hatte es erfasst. Diesen Abend hatte sie sich verdient.

»Ja«, sagte sie tonlos. »Und kümmere dich möglichst schnell um die Gegenüberstellung mit Manu Winter, ja?«

»Und was machst du?«

Lena hatte keine Lust mehr auf nichts. »Ich muss meine Katze füttern.«

Niemals würde sie vor Kopper oder Kollegen weinen. Lena setzte sich in ihren Wagen, steuerte ihn auf die Autobahn, gab Gas. In einem hatte sie Nick belogen. Sie hatte sich in ihn verliebt. Beim ersten Mal, als sie ihn gesehen hatte. Und jetzt würde sie ihn wieder hinaustreiben aus ihrer Seele, aus ihren Träumen und Wünschen.

EPILOG

Der Prozess dauerte keine vier Wochen. Nick Ritterling wurde zu lebenslanger Haft wegen Mordes verurteilt. In frühestens fünfzehn Jahren konnte er damit rechnen, wieder auf freien Fuß gesetzt zu werden, und Lena war sich sicher, dass Conny Seegmeister ihm dann ein sorgenfreies Leben bescheren würde. Selbst die Tatsache, dass er zwölf Jahre lang unschuldig gesessen hatte, Opfer eines Justizirrtums geworden war, hatte die Richter nicht milde gestimmt. Sie hatten ihm zu Recht vorgeworfen, heimtückisch, eiskalt und geplant gehandelt zu haben.

Lena hatte sich Urlaub genommen, war ans Meer gefahren, dann in die Berge, und zuletzt hatte sie eine Woche damit verbracht, durchs schottische Hochland zu wandern. Sie hatte eine junge Frau kennengelernt, Marlene, sie waren ins Gespräch gekommen, und Lena hatte ihr von Nick erzählt, von Kristin Ritterling, von den Bäuerles und den Seegmeisters, allerdings ohne Namen zu nennen. Als sie sich verabschiedeten, sagte Marlene nur einen kleinen Satz: »Wenn du ihn nur eine Sekunde geliebt hast, dann war er es wert.« In der folgenden Nacht träumte sie von Nick, und es war ein schöner Traum.

Lena kehrte zurück nach Hause, Mikesch hatte mindestens ein Kilo zugenommen, und Kopper mästete auch sie gnadenlos mit unvergleichlich leckeren Gnocchi Genovese, mit Carpaccios aller Art, und eines Abends servierte er ihr Trüffel mit der Bemerkung, das seien sogenannte Freundschaftstrüffel, sie solle sich also nur ja nichts drauf einbilden.

Als sie in den folgenden Nächten immer noch von Nick träumte, beschloss sie, einen Schlussstrich unter die Sache zu ziehen. Sie kaufte im besten Feinkostgeschäft weiße Trüffel, die so teuer waren, dass ihr fast schwindelig wurde. Sechstausend Euro pro Kilo. Gott sei Dank reichten hundert Gramm. Bevor der Verkäufer sie luftdicht verpackte, damit das Aroma nicht litt, roch sie noch einmal daran. Die Trüffel dufteten nicht nur einfach nach Trüffel. Sie rochen nach Nick. Und das durften sie auch. Ab heute durfte sie so viel an Nick denken, wie sie wollte. Es bestand keine Gefahr mehr.

Sie fuhr zur JVA, in der Nikolas Ritterling einsaß. Der Beamte begutachtete ihren Ausweis und nickte ihr zu.

»Ich möchte ein Päckchen für einen Insassen abgeben«, erklärte sie.

»Inhalt?«

Lena hob das Päckchen an die Nase. »Lebensmittel. Köstlich, aber leicht verderblich.«

Das Mann nahm das Päckchen, grüßte und ließ Lena wieder nach draußen.

Leicht verderblich, dachte Lena. Leicht verderblich wie die Liebe. Sie lachte auf. Vielleicht hätte ich Dichterin werden sollen. Sie kickte eine leere Dose zur Seite, drehte sich einmal um die eigene Achse. Dann blieb sie stehen und sagte zu sich selbst:

»Willkommen zu Hause, Lena O.«

Das Erste

rbb
RUNDFUNK BERLIN-BRANDENBURG

Oliver G. Wachlin
BLINDER GLAUBE
Kriminalroman nach der gleichnamigen
ARD-Serie »Tatort«
© Das Erste / Rundfunk Berlin-Brandenburg (rbb)
Agentur: WDR mediagroup licensing GmbH
Nach dem Tatort-Krimi von Andreas Pflüger
Broschur, 160 Seiten
ISBN 978-3-89705-660-2

»Hitverdächtig. Auf die Bestsellerverfilmung folgt nun die Quotenhitverschriftlichung.« tvmedia

mdr

Oliver G. Wachlin
TODESSTRAFE
Kriminalroman nach der gleichnamigen
ARD-Serie »Tatort«
© Das Erste / MDR, Lizenz durch Telepool GmbH
Agentur: WDR mediagroup licensing GmbH
Nach dem Tatort-Krimi von Mario Giordano
und Andreas Schlüter
Broschur, 176 Seiten
ISBN 978-3-89705-665-7

»Der gelungene Einstieg eines neuen Teams.«
Kriminalakte

radiobremen

Christoph Ernst
STRAHLENDE ZUKUNFT
Kriminalroman nach der gleichnamigen
ARD-Serie »Tatort«
© Das Erste / Radio Bremen
Agentur: WDR mediagroup licensing GmbH
Nach dem Tatort-Krimi von Christian Jeltsch
Broschur, 160 Seiten
ISBN 978-3-89705-666-4

»Eine spannend präsentierte Story mit Aktualitätsbezug, Action und einem unvorhersehbaren Final-Twist.« www.buchwurm.de

Das Erste

WDR

Martin Schüller
DIE BLUME DES BÖSEN
Kriminalroman nach der gleichnamigen
ARD-Serie »Tatort«
© Das Erste, WDR
Agentur: WDR mediagroup licensing GmbH
Nach dem Tatort-Krimi von Thomas Stiller
Broschur, 160 Seiten
ISBN 978-3-89705-658-9

»Viel mehr als eine bloße Drehbuch-Niederschrift: fesselndes Kopfkino für ›Tatort‹-Fans!« Hörzu

BR

Martin Schüller
A GMAHDE WIESN
Kriminalroman nach der gleichnamigen
ARD-Serie »Tatort«
© Das Erste / BR, Lizenz durch Telepool GmbH
Agentur: WDR mediagroup licensing GmbH
Nach dem Tatort-Krimi von Friedrich Ani
Broschur, 160 Seiten
ISBN 978-3-89705-664-0

»Die Sympathie für die kleinen Leute schimmert in der Romanfassung vielleicht sogar etwas stärker als im Film durch. Ein guter Krimi.« Kriminalakte

SR

Martin Conrath
AUS DER TRAUM ...
Kriminalroman nach der gleichnamigen
ARD-Serie »Tatort«
© Das Erste / Saarländischer Rundfunk
Agentur: WDR mediagroup licensing GmbH
Nach dem Tatort-Krimi von Fred und
Léonie-Claire Breinersdorfer
Broschur, 176 Seiten
ISBN 978-3-89705-661-9

»Die Charaktere werden plastisch gezeichnet.«
Kriminalakte

Das Erste

NDR

Hannes Nygaard
ERNTEDANK
Kriminalroman nach der gleichnamigen
ARD-Serie »Tatort«

Nach dem Tatort-Krimi von Angelina Maccarone
Broschur, 176 Seiten
ISBN 978-3-89705-659-6

SWR

Susanne Kraft
SEENOT
Kriminalroman nach der gleichnamigen
ARD-Serie »Tatort«

Nach dem Tatort-Krimi von Dorothee Schön
Broschur, 208 Seiten
ISBN 978-3-89705-663-3

SWR

Martin Conrath
VERMISST
Kriminalroman nach der gleichnamigen
ARD-Serie »Tatort«

Nach dem Tatort-Krimi von Christoph Darnstädt
Broschur, 160 Seiten
ISBN 978-3-89705-735-7

Das Erste

WDR

Martin Schüller
MOLTKE
Kriminalroman nach der gleichnamigen
ARD-Serie »Tatort«
© Das Erste, WDR
Agentur: WDR mediagroup licensing GmbH
Nach dem Tatort-Krimi von Axel Götz,
Jan Hinter und Thomas Wesskamp
Broschur, 160 Seiten
ISBN 978-3-89705-734-0

WDR

Martin Schüller
TEMPELRÄUBER
Kriminalroman nach der gleichnamigen
ARD-Serie »Tatort«
© Das Erste, WDR
Agentur: WDR mediagroup licensing GmbH
Nach dem Tatort-Krimi von Magnus Vattrodt
Broschur, 160 Seiten
ISBN 978-3-89705-733-3

hr

Uli Aechtner
BEVOR ES DUNKEL WIRD
Kriminalroman nach der gleichnamigen
ARD-Serie »Tatort«
© Das Erste / hr, Frankfurt
© 2009 hrMedia Lizenz- und Verlagsgesellschaft mbH
Agentur: WDR mediagroup licensing GmbH
Nach dem Tatort-Krimi von Henriette Piper
Broschur, 160 Seiten
ISBN 978-3-89705-662-6

Das Erste
tatort
Deutschlands erfolgreichste Krimireihe
Die beliebtesten Ermittler, die besten Fälle
Jetzt überall auf DVD im Handel!
DUISBURG
SCHIMANSKI-BOX
MÜNSTER
THIEL/BOERNE-BOX
KIEL
REIFEZEUGNIS
REGELMÄSSIG NEUE EINZEL-FOLGEN UND BOX-SETS – DAS IDEALE GESCHENK
Ausführliche Infos unter www.tatort.aufdvd.de
© ARD Landesrundfunkanstalten, ORF, SF. Lizenzen durch Bavaria Media GmbH, Degeto Film GmbH, hr Media Lizenz- und Verlagsgesellschaft mbH, rbb media GmbH, Studio Hamburg Distribution & Marketing GmbH, SWR Media Services GmbH, Telepool GmbH und WDR mediagroup licensing GmbH.
BR hr mdr NDR radiobremen rbb SR SWR WDR ORF SF
Walt Disney Home Enterta